Wanderführer
Sauerland

W0094065

Die schönsten Wanderungen
● Rundwanderungen
● Streckenwanderungen
● Lehrpfade

Kompass Wanderführer

Wanderführer Sauerland

Ausgewählt, begangen
und beschrieben
von Helmut Dumler

Deutscher Wanderverlag
Dr. Mair & Schnabel & Co. · Stuttgart

Die große Wanderbuch-Reihe
für grenzenloses Wandern

Gesamte Kartographie:
Ing.-Büro Adolf Benjes

In diesem Buch werden nur jene Kartenwerke aufgeführt, die unseren Karten-Ausschnitten zugrunde liegen. Aus Platzgründen können nicht alle im Fachhandel erhältlichen Karten genannt werden.

Umschlagbild:
Torhaus
(*Foto:* Christina Garstecki)
Bild auf Seite 2:
Hohensyburg mit Kriegerdenkmal
(*Foto:* Christina Garstecki)

5., völlig überarbeitete Auflage, 1996

ISBN 3-8134-0244-4

Gedruckt auf 100% chlorfrei gebleichtes Papier

Inhalt

Orts- und Sachverzeichnis 9
Bilderverzeichnis 15
Übersichtskarte 16
Das Sauerland 18
Die Hauptwanderstrecken des Sauerländischen Gebirgsvereins 185
Andere Weitwanderwege 188
Anschriften 189
Weitere Kompass Wander- und Radwanderführer 190

Rundwanderungen

1 Hengsteysee – Hohensyburg – Hengsteysee (4 km) 20
2 Hagen-Selbecke – Westfälisches Freilichtmuseum – Eilper Berg – Selbecke (9,5 km) 23
3 Breckerfeld – Reckhammer – Breckerfeld (9,5 km) 24
4 Hohenlimburg – Deipenbrink – Nimmerbachtal – Hohenlimburg (11,5 km) 26
9 Iserlohn-Stadtwald – Wixberg – Asbecketal – Iserlohn-Stadtwald (15 km) 40
10 Felsenmeer von Hemer (2,5 km) 43
11 Hönnetal – Eisborn – Hövel – Schloß Melschede – Beckum – Hönnetal (17 km) 45
13 Mellen – Luisenhütte – Schloß Wocklum – Burgberg – Mellen (7 km) 53
14 Kohlberg (7 km) 55
15 Versetalsperre – Niederholte – Versetalsperre (12,5 km) 57
17 Fürwiggetalsperre (4 km) 62
18 Stoltenberg – Österhöh – Nocken – Stoltenberg (7,5 km) 63
19 Ebbekamm – Fürwiggetalsperre – Nocken – Ebbekamm (12 km) 64
20 Nordhelle (6 km) 67
21 Valbert – Benzel – Listertal – Ingemerter Mühle – Eulenberg – Möllsiepen – Vestenberg – Valbert (23 km) 69
23 Biggetalsperre – Buchhagen – Bremge – Biggetalsperre (11,5 km) 73
25 Attendorn – Windhausen – Vierkreuze – Attendorn (12 km) 80
26 Burg Schnellenberg – Sonnenberg – Parkplatz Repetal – Burg Schnellenberg (10,5 km) 82
27 Auf dem Höchsten – Sonneborn – Hülschotten – Auf dem Höchsten (10,5 km) 84
28 Bilstein – Arnscheid – Hohe Bracht – Bilstein (11 km) 86
30 Steinernes Kreuz – Hölzernes Kreuz – Potsdamer Platz – Steinernes Kreuz (9 km) 93
31 Oberhundem – Panorama-Park – Rhein-Weser-Turm – Oberhundem (12 km) 94

32 Heinsberg – Oberndorfer Höhe – Riemen – Dreiherrnstein – Heinsberg (14,5 km)   97
33 Oberndorfer Höhe – Dreiherrnstein – Riemen – Oberndorfer Höhe (6,5 km) 100
34 Hilchenbach – Albaumer Höhe – Vorspanneiche – Hilchenbach (11,5 km) 101
36 Obernautalsperre (9,5 km) 105
37 Lahnquelle – Jagdberg – Heiligenborn – Lahnquelle (9 km) 106
38 Parkplatz Ederquelle – Ederquelle – Krämers Wiese – Parkplatz Ederquelle (5,5 km) 108
39 Erndtebrück – Ederquelle – Benfetal – Weibelskopf – Erndtebrück (20 km) 110
40 Bad Berleburg – Großer Prenzenberger Kopf – Nesselbergskopf – Bad Berleburg (10 km) 112
41 Jagdhaus – Härdler – Margarethenstein – Sombornquelle – Jagdhaus (10,5 km) 115
42 Latrop – Zinseck – Kühhude – Schanze – Latrop (14 km) 117
44 Schmallenberg – Latrop – Fleckenberg – Schmallenberg (15 km) 120
45 Oberkirchen – Knollen – Waldemai – Oberkirchen (9,5 km) 122
46 Nordenau – Kleines Bildchen – Nordenau (7,5 km) 125
47 Altastenberg – Nordenauer Wald – Kuhlmannssiepen – Altastenberg (8 km) 127
48 Altastenberg – Hoher Knochen – Kahler Asten – Altastenberg (6 km) 128
50 Helleplatz – Astenweg – Bürbigs Platz – Helleplatz (5,5 km) 132

Baudenkmal Klösterchen an der Syburger Kirchstraße (Foto: Christina Garstecki)

6

Quelle der Ruhr   (Foto: Hans-Volker Pahl)

51	Mollseifen – Züschener Wald – Bremkebachtal – Bürbigs Platz – Mollseifen (14 km)	133
52	Winterberg – Hesborner Wald – Orketal – Winterberg (14 km)	135
53	Züschen – Franzosenkreuz – Züschen (8 km)	138
54	Hallenberg – Heidkopf – Nonnenwinkel – Grenzweg – Hallenberg (14,5 km)	140
55	Mechterkuse – Rauhes Bruch – Kreuzberg – Mechterkuse (8,5 km)	143
56	Ramsbeck – Faulenberg – Brabecke – Valmetal – Ramsbeck (18 km)	145
57	Siedlinghausen – Großes Bildchen – Siedlinghausen (18 km)	147
58	Niedersfeld – Hochheide – Langenberg – Ochsenkreuz – Niedersfeld (12,5 km)	150
59	Um den Sorpesee (17 km)	153
61	Naturschutzgebiet Hevearm am Möhnesee (5,5 km)	162
62	Möhnesee – Arnsberger Wald – Breitenbruch – Möhnesee (22 km)	164
63	Humbertsberg – Haskers Brücher – Humbertsberg (10 km)	168
64	Giesmecke – Wennemer Höhweg – Plackweg – Großer Berg – Giesmecke (10,5 km)	169
65	Kelbketal – Oesterberge – Kelbketal (11,5 km)	171
66	Hennesee – Sommerberg – Hennesee (15 km)	173
67	Stimmstamm – Papenberg – Glassmecke – Stimmstamm (9,5 km)	175
69	Bruchhauser Steine (2 km)	180
70	Willingen – Stryck – Lüttekefeld – Hoppecketal – Willingen (12,5 km)	182

Landschaftsaufnahme – Richtung Bad Berleburg
(Foto: Fremdenverkehrsverein Hallenberg e. V.)

Streckenwanderungen

5	Dahl – Priorei – Rummenohl – Schalksmühle (10 km)	28
6	Schalksmühle – Ehringhausen – Kierspe – Meinerzhagen (23 km)	31
7	Meinerzhagen – Genkeltalsperre – Unnenberg – Gummersbach (14 km)	36
12	Balve – Langenholthausen – Affeln – Neuenrade (14 km)	50
24	Attendorn – Auf der Höh – Rehberg – Nordhelle – Valbert (16,5 km)	75
29	Bilstein – Einsiedelei – Fahlenscheid – Olpe (18 km)	89
35	Ferndorf – Kindelsberg – Ferndorf (7 km)	103
60	Arnsberg – Arnsberger Wald – Damberg – Lattenberg – Hirschberg (16,5 km)	156
68	Olsberg – Assinghausen – Wiemeringhausen – Siedlinghausen (19 km)	177

Lehrpfade-Wanderungen

8	Waldlehrpfad Schmierhagen (3 km)	38
16	Waldlehrpfad Hokühlbucht (2,5 km)	60
22	Waldlehrpfad Listertalsperre (3,5 km)	72
43	Waldlehrpfad Huckelberg (2,5 km)	119
49	Kahler Asten – Heidelehrpfad (1,5 km)	130

Orts- und Sachverzeichnis

Mit Nummern-Angaben der betreffenden Wanderungen;
schräg-gedruckte Zahlen weisen auf die Kurzbeschreibung im Text hin

Aechtenscheid (Gasthof) 15
Affeln *12*
Albaumer Höhe 34
Altarstein/Latrop *42*
Altastenberg *47*, 48
Alte Hecke 32, 33
Alte Landstraße 53
Amecker Damm 59
Antenberg 59
Arnsberg *60*
Arnsberger Wald *60*, 62
Arnscheid 28, 29
Asbecketal 9
Assinghausen 68
Astenberger Schanzen 47
Astenturm 47, *49*
Astenweg 51, 52
Attahöhle *24*
Attendorn *24*, 25
Auf'm Haar 11
Auf dem Höchsten 27
Auf der End 5
Auf der Höhe 24

Bad Berleburg *40*
Balve *12*
Balver Höhle *12*
Bauersdorf 36
Becke 7
Beckum 11
Beerenberg 6
Benfe 39
Benolper Kreuz 28
Benzel 21
Berg 21
Berkenbaum (Restaurant) 6
Berleburg-Raumland *40*
Biggentalsperre *23*
Bilstein *28*, 29
Birkenhasen 42
Birnau 57
Bockenfördeplatz 42
Bockstall 60
Bödefeld 56
Bornstein 69

Brabecke 56
Brandwald 42
Breckerfeld *3*
Bredengrund 51
Breitenbruch 62
Bremecker Hammer *15*
Bremge 23
Bruchhausen 69
Bruchhauser Steine *69*
Bürberg 23
Bürbigs Platz 51, 52
Burg Bilstein 28
Burg Schnellenberg *26*
Burgberg *13*
Büschhöh 19

Calle *65*
Clemensberg 58

Dahl *5*
Dahlerbrück 5
Dahlhausen 6
Damberg 60
Dannenhöfer (Restaurant) 9
Dechenhöhle *9*
Deimershardt 24
Deipenbrink 4
Dicke Linde 53
Dicker Baum 66
Drei Buchen 32
Dreiherrnstein *32*, 33
Drolshagen *8*

Ebbekamm 19, *20*
Ederquelle *38*, 39
Egge *44*
Ehrenscheider Mühle 52
Ehringhausen 6
Eilper Berg 2
Einsiedelei *29*
Eisborn 11
Eisenstraße *38*
Enkhausen/Hennesee 66
Enkhausen/Sorpesee *59*
Ensterknick 64

Epscheid 3
Epscheider Mühle 3
Erndtebrück 39
Eulenberg 21
Europäischer Fernwanderweg 1
    37, 70

Fahlenscheid 29
Faulenberg 56
Feldstein 69
Ferndorf *35*
Flachengrund 51
Fleckenberg *44*
Forst Herdringen 62
Franzosenkreuz 54
Freistuhl Holenor *51*
Fürwiggetalsperre *17*, 19

Genkeltalsperre 7
Gersberg 12
Gewässer-Lehrpfad Hennesee 66
Giesmecke 64
Glassmecke 67
Goldstein 69
Griesemert 29
Großer Berg 64
Großer Prenzenberger Kopf 40
Großes Bildchen *57*
Grotmicke 7
Grube Sperlingslust 46
Grüner Platz 32
Grünewald 6
Gummersbach 7

Hagen *2*
Hagen-Selbecke 2
Hagensberg 60
Hallenberg *54*
Halverscheid *6*
Härdler 41
Haskers Brücher 60, 64
Häusgermühle 21
Heidelehrpfad Kahler Asten 47,
    49
Heidkopf 54
Heiligenborn 37
Heinrichshöhle *10*
Heinsberg *32*
Helleplatz 50

Hemer (Felsenmeer) *10*
Hengsteysee *1*
Hengsteyseebrücke 1
Hennesee *66*
Herdecker Hütte 19
Hesborner Weg 52
Hevesee 61, 62
Hilchenbach *34*
Hilkenhohl 9
Hirschberg *60*
Hirschgehege (Hotel) 31
Höh 21
Hohe Bracht *28*
Hohenlimburg *4*
Hohensyburg *1*
Hoher Knochen 48
Höhweg 18, 19
Hölzerner Kreuz 30
Hönnequelle 14
Hönnetal *11*
Hoppecke 70
Hövel 11
Hülschotten 27
Humbertsberg 62, *63*
Hummelsberg 27
Hunaukamm 57

Ikesberg 53
Ingemerter Mühle (Gasthaus) 21
Iserlohn *9*
Iserlohn-Stadtwald 9

Jagdberg 37
Jagdhaus *41*
Jagdschloß Siedlinghausen 57

Kahler Asten 48, *49*
Kaiser-Wilhelm-Denkmal 1
Kalthoff (Restaurant) 66
Kelbketal 65
Kierspe *6*
Kiersperhagen 6
Kindelsberg *35*
Klappersberg 57
Kleine Schmalenau 63
Kleines Bildchen 46
Kohlberg *14*
Kohlberghaus 14
Krähenbrinke 59

Hohenlimpurg: Im Obergeschoß des Heimat-Museums befindet sich seit 1952 eine Schlesische Bauernstube, die von dem Maler Harry Liss aus Krumhübel im Riesengebirge gestaltet wurde. (Foto: Christina Garstecki)

Kram 21
Krämerswiese 38
Kreuzberg/Bödefeld 55
Kreuzbergkapelle 47
Kuhfeld 2
Kühhude 42
Kuhlmannssiepen 47

Lahnquelle 37
Langenberg 58
Langenholthausen 12
Langenohl 21
Langer Berg 7, 62
Langscheid 59
Langscheider Mark 59
Latrop 42, 44
Lattenberg 60
Lengenbecktal 46
Lennequelle 47, 49
Lister 18, 21
Listertal 21
Listertalsperre 22
Loh 6
Lohsiepen 9
Luisenhütte 13
Lümker Kreuz 32
Lütringhausen 29
Lüttekefeld 70

Mäckinger Bachtal 2
Margarethenstein 41
Mechterkuse 55
Meinerzhagen 6
Mellen 13
Mellener Knapp 59
Meller Holz 59
Melscheder Mühle 11
Merklinghauser Kapelle 54
Möhnesee 61, 62
Mollseifen 51
Möllsiepen 21
Mondscheinbank 41

Nasse Wiese 55, 57
Naturfreundehaus Epscheider
    Mühle 3
–, Heed 7
–, Mollseifen 51
–, Nimmerbachtal 4

Naturfreundehaus Stimmstamm
    67
Naturlehrpfad Ebbegebirgskamm
    20
–, Sondersberg (Dechenhöhle) 9
Naturschutzgebiet Am Haberg 32
–, Einsiedelei 29
–, Espeier Bruch 18
–, Hamorsbruch 67
–, Hevearm 61
–, Hunau 55, 57
–, Langenbruch 54
–, Neuer Hagen 58, 70
–, Wilde Wiese 21, 25
–, Wolfsbruch 24
–, Zinsebach 33
Negerkirche 57
Neuenhagen 6
Neuenrade 12
Niederholte 15
Niedersfeld 58
Nimmerbach 4
Nocken 18, 19
Nonnenwinkel 54
Nordenau 46
Nordenauer Wald 57
Nordhelle 20, 24

Oberbremecke 6
Oberer Burbecker Platz 58
Oberhundem 31
Oberkirchen 45
Obernautalsperre 36
Oberndorfer Höhe 32, 33
Oberste Henn 39
Ochsenkreuz 58
Oesterberge 65
Olpe 29
Olsberg 68
Orke 52
Ostendorf 6
Österhöh 18
Osterkopf 51

Padberg 6
Palme 56
Panorama-Park 31
Papenberg 67
Paradies 70

Pastorenwiese 54
Peterskirche/Hohensyburg *1*
Plackweg 60, *64*, 67
Potsdamer Platz *30*
Priorei 5
Priorslinde 5

Quittmannsturm 14

Ramsbeck *56*
Rauhe Hahne 21
Rauher Bruch 55, 67
Rauterkusen 25
Recke (Restaurant) 11
Reckenhöhle *11*
Reckhammer 3
Rehberg 24
Renau 57
Rennweg *61*
Rhein-Weser-Turm *31*
Riemen 32, 33
Rinsecke 31
Robert-Kolb-Turm *20*, 24
Rother Stein 29
Ruhrtal 1, 58, 68
Rummenohl 5

Sahnehang 47
Sange 57
Sanssouci 11
Schalksmühle *6*
Schanze *42*
Scharfenberg 62
Schmallenberg *44*
Schmallenberger Höhe 44
Schmantel 52
Schneeberg 64
Schützenkreuz 52
Schwarzes Kreuz 12
Seebach 39
Siedlinghausen *57*, 68
Siegquelle 37
Sombornquelle 41
Sommerberg 66
Sonneborn 27
Sonnenpfad 46
Sorpesee *59*
Sperrberg 68
St. Meinolf *62*

Stahlschmidt (Wegespinne) 20, 24
Steinernes Kreuz *30*
Stimmstamm *67*
Stoltenberg (Wanderparkplatz) 18
Stryck 70

Torhaus *61*, 62
Trambach 54
Treis 70

Unnenberg 7
Unterer Burbecker Platz 58
Unterstand Böhmenkamp 31
Unterstand Damberg 60, 63
Unterstand Hubertusblick 47
Unterstand Kahle Bauke 55
Unterstand Sellerberg 53
Unterstand Sperrweg 54
Unterstand Waldemei 45

Valbert *21*, 24
Valmetal 55
Versetalsperre *15*
Vestenberg 21
Via regia 47
Vierkreuze 25
Villenberg 14
Vincketurm 1
Volkringhausen 11
Vor der Eicken 8
Vorspanneiche 34
Voßwinkel 9

Waldenburg (Ruine) *23*
Waldenburg Kapelle *23*
Waldlehrpfad Ebbegebirgskamm
   20
–, Eichholz 60
–, Grubental 42
–, Hokühlbucht 16
–, Huckelberg *43*
–, Listertalsperre *22*
–, Oberhundem 31
–, Schmierhagen 8
–, Versetalsperre 15
Waldweihestätte (Kohlberg) 14
Wanderparkplatz Auf dem
   Höchsten 27
–, Fahlenscheid 29

Hohenlimburg: Heimat-Museum (Foto: Christina Garstecki)

Wanderparkplatz Hohenroth *38*
–, Kreuztal-Irlenhecken 35
–, Kuhnsberg 60
–, Mondscheinbank 41
–, Oberförster-Sorg-Weg 34
–, Oberndorfer Höhe 32, 33
–, Repetal 26
–, Steinseifen 39
–, Valbert 21
–, Wilkenberg 21
Wasserschloß Adolfsburg *31*
Wasserschloß Melschede *11*
Wasserschloß Rhade 6
Wasserschloß Wocklum *13*
Wehe 6
Weibelskopf 39
Weißes Kreuz 31

Wennemer Höhweg 64
Wernsdorfer Kirche *52*
Westenberg 31
Westfälisches Freilichtmuseum *2*
Wiemeringhausen 68
Willingen *70*
Wilzenberg *44*
Windhausen 25
Winterberg *52*
Wixberg 9
Wormbach *44*

Zinsebach 33
Zinseck 42
Züschen *53*
Zwistberg 51

Bilderverzeichnis

Hohensyburg 2
Baudenkmal Klösterchen 6
Quelle der Ruhr 7
Landschaft bei Bad Berle-
  burg 8
Hohenlimpurg, Schlesische
  Bauernstube im Heimatmu-
  seum 11, 14
Assinghausen 19
Kaiser-Wilhelm-Denkmal 21
Fliegenpilz 35
Aussichtsturm auf dem Kohlberg
  57
Versetalsperre 59
Hokühlbucht 61
Fürwiggetalsperre 61
Bürberg 77
Obernautalsperre 106
Lahnquelle 108

Sauerlandhaus in Oberkirchen
  123
Herbstfärbung 126
Auf dem Kahlen Asten 130
Kahler Asten 133
St.-Georg-Sprungschanze bei
  Winterberg 137
Hallenberg, Petrusbrunnen 141
Großes Bildchen 148
Langscheid, Antonius-Kirche 153
Langscheid 155
Arnsberg, Hirschberger Tor 157
Ruhrtal bei Arnsberg 158
Möhnesee/Südufer 161
Torhaus oberhalb des Möhnesees
  163
Im Olsberger Kurpark 176
Olsberg, Wasserburg Bruchhau-
  sen an den Steinen 181
Arnsberg 187

15

Das Sauerland

Die Namenswurzel ist eindeutig nicht zu klären. Plattdeutsch heißt es »Suirland«, abgeleitet vom keltischen Wort »suir« Quelle. Und von denen sprudeln eine ganze Menge im Sauerland. Außerdem wird die Herkunft von »Söderland« diskutiert: Südland der Sachsen, was zweifellos einen historisch verbürgten Hintergrund hat.

Das Sauerland »Land der tausend Berge« bildet den nordöstlichen Teil des Rheinischen Schiefergebirges zwischen Ruhr, Möhne und Sieg. Es nimmt in groben Umrissen auf rund 3700 Quadratkilometern die Form eines Dreiecks ein, die Schenkel annähernd gleich lang. Seine Ausläufer reichen mancherorts ins Weichbild der mitteleuropäischen Wirtschaftsmetropole Ruhrgebiet. Infolge des Waldreichtumes – zwei Drittel bestehen aus Wald – ist das Sauerland zu einer »Lunge« geworden. Es wurde gastronomisch und touristisch in einer Art erschlossen, die in ihrer Klarheit für den Westfalen charakteristisch ist.

Eisenindustrie spielte im südwestfälischen und siegerländischen Mittelgebirge stets eine wesentliche Rolle, schon während der letzten Jahrhunderte vor Christus, als es neben Kärnten und Nordspanien ein Zentrum Europas war. Eisenschmelzer und Köhler sind in der Einsamkeit seßhaft geworden. Dort lagerte nämlich das sogenannte »Raseneisenerz« in »Nestern« dicht unter der Erdoberfläche. Es wurde an Ort und Stelle in Erdlöchern geschmolzen und in »Kiepen« zu Tal getragen.

Gemeinhin wird unter dem Begriff Sauerland nur der Raum um Winterberg bzw. um den Kahlen Asten verstanden. Zugegeben: es ist die Herzkammer des Fremdenverkehrs, geographisch indes der Ostrand. Die weniger namhaften und schwächer frequentierten, abgeschiedenen Teile strömen selbst heute noch einen Hauch von Urwelt aus, wenn auch vielfach üppige Teerdecken zu Kastrationserscheinungen führten.

Dieser Führer möchte dazu beitragen, das Sauerland in seiner vielgestaltigen Form kennen- und liebenzulernen, auf »Trampelpfaden«, an Stauseen, stadtnah und stadtfern, an Glanzpunkten ebenso wie in verschwiegenen Winkeln, wobei auch die vorhandenen kulturellen Gegebenheiten integriert worden sind, um letztlich ein Ganzes zu präsentieren. Natürlich konnten nicht sämtliche Wandermöglichkeiten berücksichtigt werden, aber immerhin mehr als 750 Kilometer im Rahmen einer repräsentativen Auswahl.

Ein mustergültig trassiertes und markiertes Wegenetz, dessen Gerüst die mit einem weißen Andreaskreuz bezeichneten

Assinghausen bei Olsberg mit sehenswertem Dorfkern
(Foto: Kur- und Verkehrsverein Olsberg e. V.)

Hauptwanderstrecken des 1891 gegründeten Sauerländischen Gebirgsvereins (Hauptgeschäftsstelle: Emster Straße 104, 58093 Hagen) sind, läßt kaum Orientierungsprobleme aufkommen. In den Beschreibungen der Routen werden generell die maßgeblichen Markierungen herausgehoben, nur wenn unumgänglich auch örtliche Zeichen. Zur besseren Übersicht helfen, zusammen mit den vorgeschlagenen Wanderkarten, die Wegeskizzen der jeweiligen Tour.

Was die Öffnungszeiten von Museen, Gasthöfen etc. betrifft, so ist meist nur der Ruhetag genannt, da sich die Details oftmals ändern. Deshalb wurde auch auf Telefonnummern verzichtet! Apropos Gasthöfe: sofern außerhalb von Ortschaften gelegen, bewirten sie erfahrungsgemäß meist erst gegen Mittag oder zum Nachmittag hin. Sollten Sie auf Ihren Wanderungen irgendwelche Veränderungen feststellen, sind Verlag und Autor stets für solche Hinweise dankbar. Auf derartiger Basis kann Ihr »Begleiter« auf einem aktuellen Stand gehalten werden.

Helmut Dumler

1 Hengsteysee – Hohensyburg – Hengsteysee

Verkehrsmöglichkeiten Bundes- und Landstraßen zwischen Dortmund und Hagen; in der Nähe mehrere Autobahn-Anschlußstellen (u.a. Dortmund-Süd, Hagen-Nord). Bushaltestelle auf der Südseite der Hengsteyseebrücke.

Parkmöglichkeiten Wanderparkplatz (Wege-Übersichtstafel) auf der Nordseite der Hengsteyseebrücke. An schönen Wochenenden häufig belegt; Ausweichmöglichkeit (400 m): Hengsteyseebrücke-Südseite. Von Hagen 15 km, von Dortmund 16 km.

Wegemarkierungen Weißes Andreaskreuz am Hengsteysee sowie bei der Überschreitung des Hohensyburg-Berges zum Parkplatz.

Tourenlänge 4 Kilometer.

Wanderzeit 1 Stunde.

Höhenunterschiede Insgesamt 290 Meter. Aufstieg vom See (100 m) nach Hohensyburg (245 m), Abstieg zum Parkplatz (100 m).

Wanderkarte 1:50000 L 4510 Blatt Dortmund.

Gaststätten unterwegs Gaststätte zur Lennemündung, Haus Weidkamp, Hohensyburg.

Anmerkung Die Wanderung kann auch auf dem gebührenpflichtigen Parkplatz Hohensyburg begonnen werden. Busverbindungen, Haltestelle Syburg-Spielbank. Von Dortmund 15 Kilometer.

Wissenswertes Der 5 Kilometer lange, bis 500 Meter breite, sichelförmige, 1928 angelegte *Hengsteysee* – gespeist von Ruhr und Lenne – faßt 2,8 Millionen Kubikmeter Wasser; Strandbad (bei Hengstey), Fahrgastschiff, Ruderboote, Wassersport. – *Hohensyburg,* ursprünglich eine sächsische Volksburg auf der Bergkuppe, 775 durch die Franken unter Karl dem Großen erobert. Innerhalb der Wallanlagen die Ruinen der um 1100 erbauten, hochmittelalterlichen Burg zur Sicherung des Reichshofes Westhofen; Informationstafel. Peterskirche (nahe des Parkplatzes Hohensyburg), älteste Sakralarchitektur im Dortmunder Stadtbereich. Ein flachgedeckter Saalbau, entstanden zwischen 12. (Langhaus) und 15. Jahrhundert an Stelle einer fränkischen Kirche, die Papst Leo III. im Jahre 799 geweiht haben soll; nur bei Gottesdiensten geöffnet. Beachtenswerter Friedhof, ältester im mittleren Ruhrgebiet; Informationsanschlag.

Tourenbeschreibung Auf dem geteerten Fuß- und Radweg am Nordufer des *Hengsteysees* entlang. Nach ¼ Stunde erläutert

Westlich der hochmittelalterlichen Hohensyburg steht auf einem Bergsporn das Kaiser-Wilhelm-Denkmal mit den Standbildern von Wilhelm (zu Pferde), Bismarck und Moltke. (Foto: Christina Garstecki)

links am Weg eine Tafel ein ominöses »Kunstwerk«; auf der Höhe zeigt sich der Vincketurm. Im Vorblick erkennt man hinter der Eisenbahnbrücke den Zusammenfluß von Ruhr und Lenne.

Nach dem Segelboote-Abstellplatz links. Neben der *Gaststätte zur Lennemündung* geht es an der Wegegabel rechts, vor dem *Campingplatz* rechts und am Zaun entlang 10 Minuten zum Eingang unweit der Straße; Gaststätte Haus Weidkamp.

Auf der Straße links 5 Minuten ansteigen. Dann links (weiße Andreaskreuze) in den Wald. Rechts folgen *Wälle* der sächsischen Volksburg, etwas später der Komplex der 1985 eröffneten Spielbank bzw. des Restaurants Neue Ruhrterrassen. Vollends hoch zur *Hohensyburg;* vom Parkplatz 40 Minuten.

Die Ruinen passierend zu dem 20 Meter hochragenden, achteckigen, 1857 errichteten Vincke-Aussichtsturm als Gedenken für den ersten westfälischen Oberpräsidenten Ludwig v. Vincke († 1844).

Weiter, vorbei an einem Aussichtsbalkon (links), auf den Bergsporn bzw. zum *Kaiser-Wilhelm-Denkmal* mit den Standbildern des Regenten (zu Pferde), seines Kanzlers Bismarck und des Feldherrn Moltke.

Zurück, vor dem Aussichtsbalkon scharf rechts. Abwärts in langen Kehren durch den Laubwald des stellenweise felsigen Hanges, einem Naturschutzgebiet. Bei der ersten Rastbank geradeaus, an der zweiten Bank links. Vorbei am *Schulmeister-Steinbruch* (Informationstafel) und an einer *Aussichtskanzel* hinunter zum Parkplatz.

2 Hagen-Selbecke – Westfälisches Freilicht-museum – Eilper Berg – Selbecke

Verkehrsmöglichkeiten Aus dem Hagener Stadtteil Eilpe mit der Landstraße 528 durch das Selbecker Tal; Hinweisschilder »Freilichtmuseum«. Busverbindungen von Hagen-Bahnhof; Haltestelle »Freilichtmuseum«.

Parkmöglichkeiten Großer Parkplatz an der Mündung des Mäckinger Bachtales.

Wegemarkierungen Am Mäckinger Bach weißer Querbalken. Auf der Höhe weißes Andreaskreuz.

Tourenlänge 9,5 Kilometer.

Wanderzeit 2½ Stunden.

Höhenunterschiede Insgesamt 360 Meter. Anstieg vom Mäk-kingerbach (180 m) zur Höhe des Eilper Berges (360 m). Abstieg zum Parklatz (180 m).

23

Wanderkarte 1:50000 L 4710 Blatt Hagen.
Gaststätte unterwegs Kuhfeld.
Wissenswertes *Westfälisches Freilichtmuseum.* Entwicklung des Handwerks und der Technik von der Frühgeschichte bis zur Industriealisierung. Montag geschlossen. – *Hagen,* industriereiche Vierflüssestadt (Volme, Ennepe, Lenne, Ruhr). Karl-Ernst-Osthaus-Museum in einem monumentalen Jugendstilbau (Hochstraße 73), Kunst des deutschen Expressionismus, zeitgenössische Kunst und allgemeine Kulturgeschichte; Montag geschlossen.

Tourenbeschreibung Durch das Tal des *Mäckinger Baches* in 10 Minuten zum Eingang des *Westfälischen Freilichtmuseums.* Nun halb links auf dem Forstfahrweg, entlang dem Zaun des Museumsgeländes in das bald mit idyllischen Plätzen aufwartende Tal östlich des Baunscheidter Berges. Nach insgesamt ¾ Stunden wird der *Mäckinger Bach* rechts überschritten. Noch etwa 10 Minuten auf dem Talweg, dann links und jenseits des Bächleins im Mischwald bergan, 5 Minuten zur Kammhöhe mit weitreichenden Blicken südöstlich. Vom Parkplatz 1 Stunde.

Links (rechts etwas abseits die Gaststätte *Kuhfeld*) und 300 Meter zur *Hauptwanderstrecke 6.* Weiter nordwärts bergan und bergab in ¼ Stunde zu einer *Kreuzung.* Links abwärts und durch die Westflanke des *Eilper Berges.* Nach ¼ Stunde biegen wir mit den Andreaskreuzen links (Rastbank) ein und bleiben noch 5 Minuten der Markierung treu. Sobald sie sich rechts wendet (nach Eilpe), geht man links. Streckenweise steil absteigen zum vertrauten Herweg und auf ihm zurück, wobei sich vor dem Parkplatz noch der Abstecher rechts zur *Turmwindmühle* lohnt.

3

Breckerfeld – Reckhammer – Breckerfeld

Verkehrsmöglichkeiten Landstraße 528 von Hagen (12 km) oder Landstraße 701 von Gevelsberg (19 km). Busverbindungen, u. a. mit Hagen-Bahnhof.
Parkmöglichkeiten Wanderparkplatz Körnereiche am nördlichen Ortsrand; Bushaltestellen.
Wegemarkierungen Bis Reckhammer A 16. Rückweg A 17.
Tourenlänge 9,5 Kilometer.   **Wanderzeit** 2¾ Stunden.
Höhenunterschiede Insgesamt 450 Meter. Von Breckerfeld (380 m) Abstieg nach Reckhammer (190 m). Aufstieg zur Waldkuppe (350 m) sowie ab und aufwärts nach Breckerfeld.

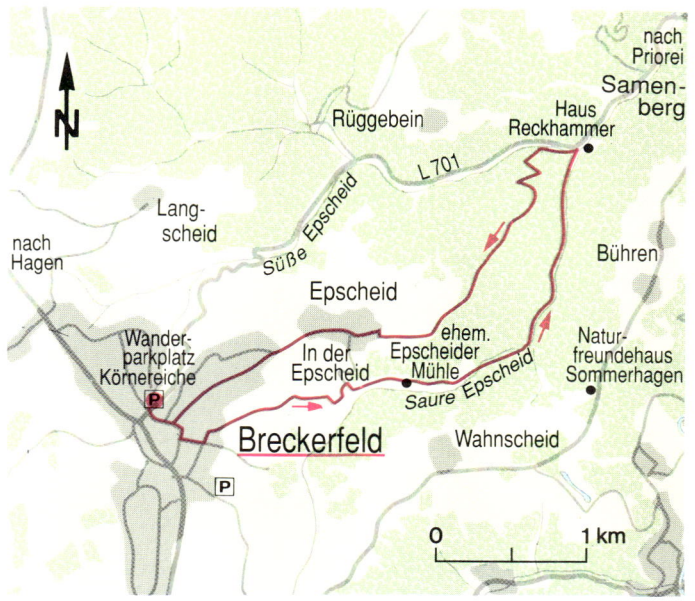

Wanderkarte   1:50000 L 4710 Blatt Hagen.

Gaststätte unterwegs   Haus Reckhammer.

Wissenswertes   *Breckerfeld* breitet sich auf den Hügeln zwischen Ennepe und Volme aus. Im Mittelalter bedeutende Stahl- und Messerschmieden. Hanse-Mitglied, internationale Verbindungen (u. a. Antwerpen, London, Nowgorod). Evangelische Pfarrkirche St. Jakob, zweijochige Pfeilerbasilika mit breitem Querschiff und einem Chorjoch aus dem 14. Jahrhundert, einzige frühgotische Basilika Westfalens, Schnitzaltar (Eiche, um 1520), der süddeutschen Einfluß verrät; Barockkanzel (1740). Reste der Stadtmauern. Stadtmuseum. Nordwestlich (1 km) gut erhaltene Kornmühle von 1861; Wasserrad 5,6 m Durchmesser.

Tourenbeschreibung   Zum *Postamt.* Daran rechts vorbei. An der *Ampel* links (Wahnscheider Straße), wenig später links in die *Pastor-Hellweg-Straße.* Nach 150 Metern rechts in den land- und forstwirtschaftlichen Fahrweg. Abwärts, vorbei am Wasserbunker auf genußvollem Hangweg, der eine schöne Ausschau bietet. Im Vorblick erscheinen die Häuser von Epscheid; sie werden beim Rückweg passiert. Der Weg senkt sich und stößt auf das Teersträßchen von Epscheid. Rechts 500 Meter zur ehemaligen *Epscheider Mühle* (NFH). Vom Parkplatz ½ Stunde.

Anschließend durch das schattige, stille, zunehmend enger werdende Tal der *Sauren Epscheid.* Der Waldkamm rechter Hand zieht sich nordwärts über den Samenberg bis nach Priorei im Volmetal. Es vergehen ¾ Stunden, ehe wir beim *Haus Reck-hammer* an der Landstraße 701 eintreffen, zuletzt die Süße-Ep-scheid-Brücke überschreitend.

Zurück zur Brücke über die *Süße Epscheid.* Rechts (Schran-ke) etliche Minuten, bis links die Markierung A 17 abzweigt. Im Wald bergan, wobei man sich leicht links hält und auf den Rük-ken der Kuppe gelangt. Den Wald absteigend verlassen und Ge-gensteigung durch Wiesenfluren nach *Epscheid.* Von Reckham-mer 50 Minuten.

Durch das Dorf auf der Straße in 35 Minuten wieder nach *Breckerfeld.*

 # Hohenlimburg – Deipenbrink – Nimmerbachtal – Hohenlimburg

Verkehrsmöglichkeiten Bundesstraße 7 oder Autobahn bis Hohenlimbug. Bahnhof. Busverbindungen. Auffahrt (2 km) zum »Schloß« beschildert. Auch Fußweg.
Parkmöglichkeiten Vor Schloß Hohenlimburg.
Wegemarkierungen Ins Nimmerbachtal weißes Andreaskreuz.
Tourenlänge 11,5 Kilometer.
Wanderzeit 3 Stunden.
Höhenunterschiede Insgesamt 450 Meter. Vom Schloß (224 m) ansteigend zur Höhe vor Brechtefeld (390 m). Vom Gasthof Becker (370 m) Abstieg ins Nimmerbachtal. Vom Talausgang (180 m) auf-, ab- und aufwärts zum Schloß (224 m).
Wanderkarte 1:50000 L 4710 Blatt Hagen.
Gaststätten unterwegs Gasthof Becker, Café Immenhof.
Wissenswertes *Hohenlimburg,* ein Stadtteil von Hagen, drängt sich mit starker Eisenindustrie im Lennetal. – *Schloß Hohenlim-burg,* Besitz der Fürsten Bentheim-Tecklenburg. Als Burg um 1230 unter Graf Dietrich I. von Altena-Isenberg gegründet und gegen Graf Adolf von Altena-Mark verteidigt. Die Vorburg, die man durch das Torhaus erreicht, stammt aus der 2. Hälfte des 15. Jahrhunderts; Schloßmuseum (Montag geschlossen).

Tourenbeschreibung Vom Schloß bergan 100 Meter zu einem größeren *Parkplatz.* Halbrechts weiter entsprechend der *Haupt-wanderstrecke 9* durch Mischwald. Etwa 5 Minuten später ist

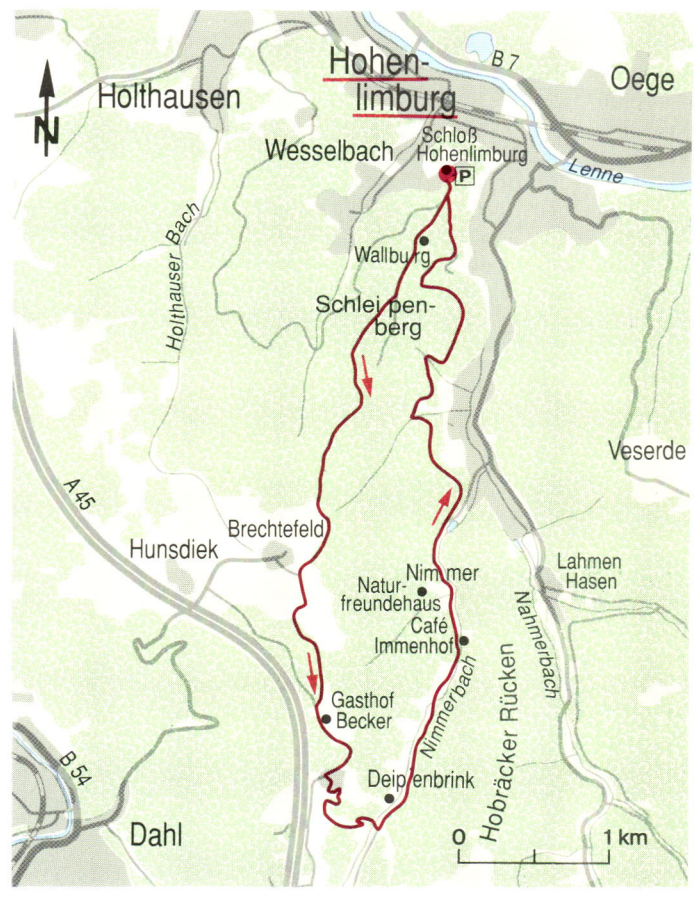

links ein kleiner *Wallhügel* auszumachen, im Volksmund »Sieben Gräben« genannt: erste Wehranlage über Hohenlimburg.

Geradeaus, an der Gabelung halbrechts und die Westflanke des Schleipenberges queren. Ungefähr ¾ Stunden nach dem Parkplatz, am Waldrand, nicht rechts dem breiten Weg folgen (nach Brechtefeld), sondern links mit den Andreaskreuzen durch Tannenhochwald. Dort bleibt die Linksabzweigung (A 3, kürzester Rückweg) unbeachtet. Bergan und am Waldrand entlang mit schönen Blicken über das Märkische Sauerland sowie zu der hinter Bäumen versteckten Häusergruppe Brechtefeld. Auf dem breiten Querweg (grün-weiße Schranke) rechts, wenig später links (Hochspannungsmasten). Bald stößt man auf ein Teersträßchen. Links zum *Gasthof Becker*. Vom Ausgangspunkt knapp 1¼ Stunden.

Weiter auf dem Sträßchen noch knapp 10 Minuten. In *Deipenbrink,* unmittelbar nach dem Bauernhof links abwärts. Am Ende der Teerdecke links dem überwachsenen Wiesenweg folgen, der sich im Hang senkt und uns in das Tal des Nimmerbaches leitet. Auswärts 20 Minuten zum *Café Immenhof.* Etwa 10 Minuten später, nach der scharfen Linksabzweigung (zum Naturfreundehaus), wird das Teersträßchen links verlassen, die rotweiße *Schranke* ansteigend passieren mit der Markierung weißer Kreis. Sie bringt uns in 20 Minuten zu den bereits bekannten A-3-Zeichen. Rechts ist es nur mehr ½ Stunde zum *Schloß Hohenlinburg.*

 ## 5 Dahl – Priorei – Rummenohl – Schalksmühle

Verkehrsmöglichkeiten Bundesstraße 54 Hagen – Meinerzhagen. Bahnhof der Strecke Hagen – Lüdenscheid. Busverbindungen.
Parkmöglichkeiten Am Bahnhof.
Wegemarkierungen Weißes Andreaskreuz.
Tourenlänge 10 Kilometer.
Wanderzeit 2 ½ Stunden.
Höhenunterschiede Insgesamt etwa 350 Meter. Erwähnenswerte Steigung von Rummenohl (180 m) bis unterhalb von Bühren (270 m).
Wanderkarte 1:50 000 L 4710 Blatt Hagen.
Gaststätten unterwegs Priorslinde, Rummenohl, Dahl, Dahlerbrück, Schalksmühle.
Anmerkungen Rückkehr von Schalksmühle mit Bahn oder Bus. – Ab Schalksmühle ist eine Fortsetzung der Tour möglich über Meinerzhagen (siehe Wanderung 6) nach Gummersbach (Wanderung 7).
Wissenswertes *Dahl,* ein Stadtteil von Hagen, liegt südöstlich davon im Volmetal und ist aus einem Herrensitz hervorgegangen. Vormann Brauerei seit 1877.

Tourenbeschreibung Vom *Bahnhof* talein, nach 300 Metern rechts über die *Volme* und beim Feuerwehrhaus zum querverlaufenden *Hengstenbergweg,* wo uns die *Hauptwanderstrecke 6*

(Foto: Christina Garstecki)

übernimmt. Links, auf- und abwärts. Vor dem Bahnübergang (20 Minuten ab Dahl) rechts, an Werkhallen des Preßwerkes entlang, 300 Meter. Vom Wendeplatz geradeaus und ansteigend zu der mehr als 1000 Jahre alten, von Drahtwerk zusammengehaltenen *Priorslinde* beim gleichnamigen Gasthaus.

Steil hinunter in die Ortschaft *Priorei*. Rechts auf der *Osemundstraße,* wenig später halblinks mit dem Sträßchen *Klusholz* ansteigen. Am Ende halblinks, bestens geleitet von den Andreaskreuzen durch den Nordosthang des Samenberges. Vor dem *Sportplatz* rechts, nach 200 Metern links, über ein Bächlein und hinauf zur Siedlung *Auf der End*. Rechts führt die Ringstraße zu einer Querstraße (Bührener Weg). Links absteigend 5 Minuten zur *Volmebrücke* von *Rummenohl*. Von Dahl 1 Stunde.

Vor der Brücke rechts, nach 20 Metern erneut rechts und ¼ Stunde empor durch den Aberg-Osthang bis zum Waldrand unterhalb von Bühren. Der Waldpfad senkt sich zur Siedlung *Dahl*. Bergan zur Gaststätte. Nach 500 Metern links in den *Mühlenweg* und hinunter ins Tal bzw. rechts zur Volmebrücke in *Dahlerbrück*. Von Dahl 2 Stunden.

Die *Glörstraße* kreuzen und jenseits durch das Sträßchen *In der Lieth,* 450 Meter parallel zum Bahnkörper, dann halbrechts auf dem Sträßchen *Am Hang* zur Querstraße *Asenbach.* Rechts, nach 100 Metern links, bergan über einen Rücken hinweg nach *Schalksmühle*. Mit der Friedhofstraße geradeaus, dann links in die Bergstraße und abwärts in den Ort.

6

Schalksmühle – Ehringhausen – Kierspe – Meinerzhagen

Verkehrsmöglichkeiten Bundesstraße 54 Hagen – Meinerzhagen. Nächste (10 km) Autobahn-Anschlußstelle ist Lüdenscheid-Nord. Bahnstrecke Hagen – Lüdenscheid. Busverbindung.

Parkmöglichkeiten Wanderparkplatz Schnurrenplatz (Wege-Übersichtstafel) an der Ostseite der evangelischen Erlöserkirche. Unterführung vom Bahnhof.

Wegemarkierungen Weißes Andreaskreuz.

Tourenlänge 23 Kilometer.

Wanderzeit 6 Stunden.

Höhenunterschiede Insgesamt etwa 700 Meter. Aufstieg von Schalksmühle (230 m) zur Kuppe (400 m) vor Halverscheid. Abstieg nach Ostendorf (330 m). Aufstieg nach Grünewald (407 m). Abstieg zum Schloß Rhade (285 m). Auf- und Abstiege bis Meinerzhagen (411 m).

Wanderkarten 1:50 000 Blatt Naturpark Ebbegebirge.

Gaststätten unterwegs Ehringhausen, Berkenbaum, Neuenhagen, Kierspe.

Anmerkungen Rückkehr von Meinerzhagen mit dem Bus. Die Tour kann auch im Anschluß an Wanderung 5 oder mit Fortsetzung nach Gummersbach (Wanderung 7) gemacht werden.

Wissenswertes *Schalksmühle* im Tal der Volme; traditionsreiche Kleineisen-Industrie. – *Kierspe*, Luftkurort. Evangelische Pfarrkirche mit barockisierter Turmhaube, spätgotischer Taufstein rheinischer Art. – *Meinerzhagen*. Verkehrsreich am Eingang des Volmetales. Laut einer Legende entstand der Ort aus einer Zelle bzw. Kapelle des Eremiten Meinhardus (nach dem die Skisprungschanze benannt ist), als Pfarrdorf 1174 bezeugt. In beherrschender Position die evangelische Jesus-Christus-Pfarrkirche, ursprünglich spätromanisch wie der Taufstein, Chor und Querschiff spätgotisch. Grablege des schwedischen Grafen Oxenstierna. Er diente ab 1612 unter König Gustav Adolf als Reichskanzler und übernahm 1636 die Vormundschaft für Königin Christine. Westturm von 1816.

Tourenbeschreibung Vom *Wanderparkplatz* auf der *Worthstraße* talein, mäßig bergan. Nach 10 Minuten, vom Straßenende, geht es links hoch, 100 Meter zu einem Haus. Während sich die Hauptwanderstrecke 6 links wendet, halten wir uns rechts.

Weiter bergan, zusätzlich mit Markierung A l, die gute 5 Minuten später rechts verlassen und kurz danach gekreuzt wird.

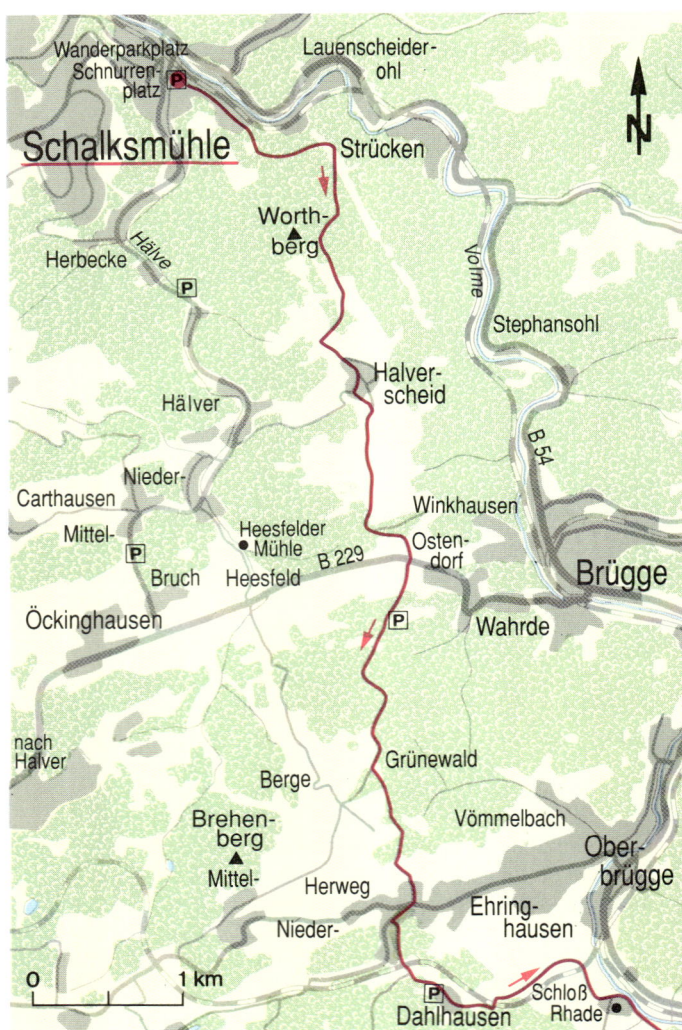

Durch den Osthang des Worthberges, den Wald verlassen, die Kuppe (Punkt 412) rechts umgehen; links kurzer Abstecher zur aussichtsreichen Waldecke.

Beim ersten Haus von *Halverscheid* links hin auf der Straße durch den Ort und in ½ Stunde – streckenweise mit weitreichenden Blicken westlich – zur *Bundesstraße 229,* die man bei den Häusern von *Ostendorf* kreuzt. Von Schalksmühle 1¼ Stunden.

Gegensteigung, an der Kaufmännischen Berufsschule des Märkischen Kreises rechts vorbei. Auf dem *Wanderparkplatz* halbrechts, südlich durch Mischwälder in ¼ Stunde nach *Grünewald.* Auf der Höhe 407 wird die Straße links verlassen, hinunter nach *Ehringhausen.* Von Schalksmühle 2 Stunden.

Die Straße schräg rechts überschreiten, 200 Meter danach an der Gabelung links und durch eine Bahnunterführung in das Dorf *Dahlhausen* im Schlemmetal. Ostwärts, durch eine zweite Bahnunterführung, anschließend rechts noch 600 Meter neben der *Schlemme* her. Vor dem Sportplatz rechts und jenseits des Bahnkörpers zum kleinen *Wasserschloß Rhade.*

Geradeaus durch Felder 400 Meter zu einer alten Eiche (Naturdenkmal). Danach rechts, kurz am Waldrand entlang, dann links in den Wald des *Gockelsberges.* An der Gabelung (Wild-

34

futterstelle) geradeaus bergan und von den Andreaskreuzen sicher geleitet zu den Häusern von *Loh*. An der Straßengabel links. Abwärts und geradeaus, d. h. auf der *Kreisstraße 25* zum Hotel-Restaurant Berkenbaum. Weiter auf der wenig befahrenen Straße in knapp ¼ Stunde zur *Landstraße 528*. Links, nach 100 Metern erneut links, hinunter in den Weiler *Oberbremecke*. Über den Bach, dann links hoch zum Ortseingang von *Kierspe* und gute 5 Minuten zur Kirche. Rechts in die *Schmiedestraße,* nach 100 Metern links (Wiesenstraße). Auf dem Talboden erwarten uns die Häuser *Vor der Eicken*. Weiter auf dem Sträßchen. An der Kreuzung geradeaus (Dünnenberken), bergan am Rande der Siedlung *Padberg,* nach 300 Metern bei der Rastbank in den Mischwald, über die Kuppe hinweg zur Siedlung *Kiersperhagen.* Hier trennen uns noch 1½ Stunden von Meinerzhagen.

Auf der stark befahrenen *Bundesstraße 237* ein Stück links. Bei der Gaststätte Funken-Hof in *Neuenhagen* geht es rechts auf der *Kreisstraße 44* weiter. Durch *Beerenberg* nach *Höhlen*. Dort die Straße links verlassen. Nach 150 Metern rechts und abwärts in das hübsche *Wehetal*. Jenseits des Baches zur nahen Straße in Sichtweite der Einöde Wehe (rechts). Links, nach 150 Metern auf der Querstraße rechts. Ungefähr ½ Stunde später wird eine breite Straße gekreuzt. Kurz danach links in einen land- und forstwirtschaftlichen Fahrweg und zu den obersten Häusern von *Meinerzhagen*. Vom *Spielplatz* geradeaus (Otto-Fuchs-Straße) und bei der einstigen Bahnüberführung links ins Zentrum zu Füßen der Kirche.

Fliegenpilz   (Foto: Christina Garstecki)

7 Meinerzhagen – Genkeltalsperre – Unnenberg – Gummersbach

Verkehrsmöglichkeiten Bundesstraße 54 Hagen – Olpe; Autobahn-Anschlußstelle der »Sauerlandlinie«. Busverbindungen.
Parkmöglichkeiten Park- und Rastplatz Schallershaus im Naturpark Ebbegebirge, südöstlich (1 km) des Zentrums. Zufahrt: Auf der Südseite der Kirche durch die Kampstraße, nach 500 Metern rechts (Gerichtsstraße), durch den Tunnel, am Friedhof vorbei und etwas später rechts zum Parkplatz.
Wegemarkierungen Weißes Andreaskreuz.
Tourenlänge 14 Kilometer.
Wanderzeit 3 ¾ Stunden.
Höhenunterschiede Insgesamt etwa 800 Meter. Abstieg nach dem Parkplatz von 460 m zur Genkeltalsperre (300 m), Aufstieg zum Unnenberg (506 m), Abstieg nach Becke (255 m), Aufstieg bis Punkt 318 vor Gummersbach.
Wanderkarte 1:50000 Blatt Naturpark Ebbegebirge.
Gaststätten unterwegs Unnenberg, Becke.
Anmerkungen Rückkehr von Gummersbach mit dem Bus. – Die Tour kann auch als Verlängerung von Wanderung 6 unternommen werden.
Wissenswertes *Meinerzhagen* siehe Tour 6. – *Gummersbach* im Oberbergischen Land. Evangelische Pfarrkirche, ursprünglich romanisch.

Tourenbeschreibung Vom *Wanderparkplatz* angesichts der Sprungschanze 200 Meter westwärts, dann links (Im Brannten) ansteigen; links die Sprungschanze. Über die Kuppe hinweg, an der folgenden Gabelung geradeaus, kurz hohlwegähnlich. Abwärts, ein Stück parallel zur Landstraße, die etwas später gekreuzt wird. Jenseits noch 200 Meter gerade. Dann rechts (links unten das Naturfreundehaus Heed); zusätzliche N-Markierung. Durch Mischwald ins Tal der *Grotmicke*. Sie wird rechts überschritten. Gegensteigung 5 Minuten zu einem Fahrsträßchen. Links zum nordwestlichen Zipfel eines Vorbeckens der Genkeltalsperre. Die *Genkel* überschreiten und links dem Uferweg folgend an der *Genkeltalsperre*, einem Trinkwasserreservoir. Wir gehen eine schmale Bucht aus. An ihrem südlichen Ende zweigen die Andreaskreuze spitzwinkelig rechts ab in den hochstämmigen Fichtenwald. Es beginnt der halbstündige Anstieg – zuletzt vom Parkplatz auf der Straße – empor zum *Aussichtsturm* auf dem *Unnenberg,* der höchsten Erhebung (506 m) im Bergischen Land. An klaren Tagen verspricht eine Tafel Ausblicke bis

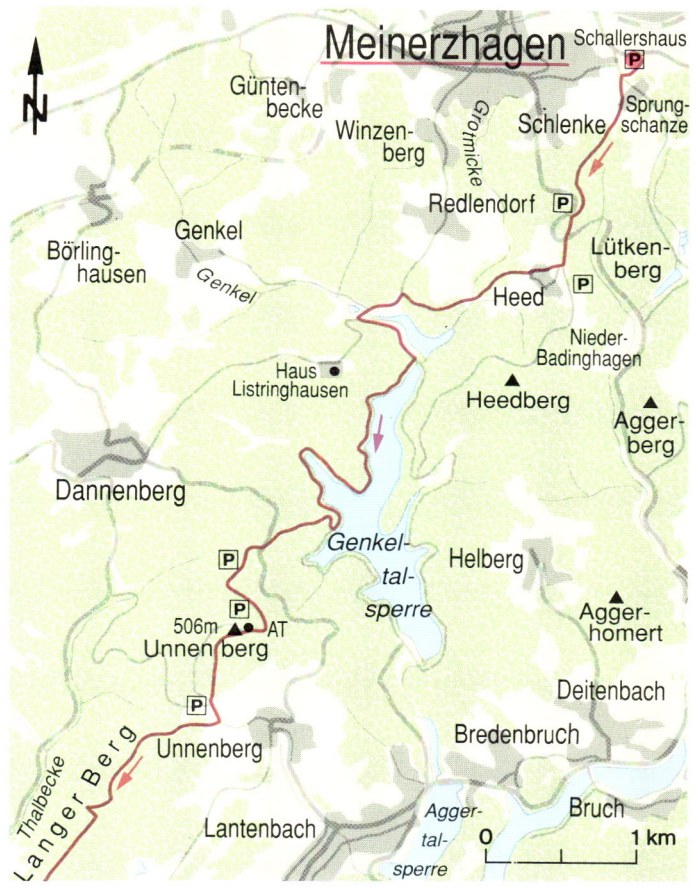

zum Siebengebirge, sogar die Kölner Domspitzen seien erkennbar. In jedem Falle sieht man die Meinerzhagener Sprungschanze, östlich das Kalkweiß der besuchenswerten Kirche in Lieberhausen, während hoher Baumwuchs die 200 Meter tiefer ruhende Genkeltalsperre verbirgt. Vom Ausgangspunkt 2 Stunden.

Im Südhang abwärts zur Straße. An ihrer Linkskurve (nach Unnenberg) geht man rechts, an der nächsten Gabelung halbrechts, dann halblinks – stets getreu der *Hauptwanderstrecke 11;* rechts unten fließt die Thalbecke. Über den Waldrücken *Langer Berg.* Links biegt die Markierung A 2 ab. Geradeaus. Westlich, im jenseitigen Hang, verschandelt ein Grauwacke-Steinbruch

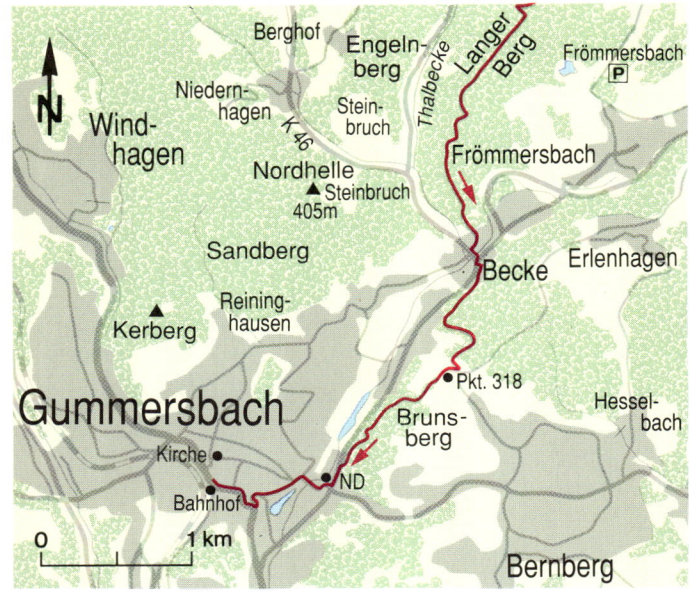

den Engelnberg. Wir berühren ausgebeutete, überwachsene Steinbrüche und gelangen steil hinunter zur Niederhagener Straße in *Becke* – 50 Minuten vor Gummersbach.

Links, an der Ampel rechts, kurz danach links die Landstraße queren und ansteigen (Am Berghof) bis vor eine Straße. Dort scharf rechts. Durch den Brunsberg-Nordwesthang an den Stadtrand von *Gummersbach,* wo wir den Bahnhof (Bushaltestellen) »suchen«.

8 **Waldlehrpfad Schmierhagen**

Verkehrsmöglichkeiten Ab Drolshagen (5 km von der Autobahn-Anschlußstelle Olpe, 6 km von der Anschlußstelle Drolshagen) am südlichen Ortsrand auf der Kreisstraße 36 Richtung Berlinghausen.
Parkmöglichkeiten An der Südseite der Kreisstraße 36 halbwegs (1 km) zwischen Drolshagen und Berlinghausen.
Wegemarkierungen Richtungspfeile »Waldlehrpfad«.

Tourenlänge 3 Kilometer.
Wanderzeit 50 Minuten.
Höhenunterschiede Der Rundweg verläuft in einer Höhe zwischen 380 und 410 Metern.
Wanderkarte 1:50000 Blatt Naturpark Ebbegebirge.
Wissenswertes Der Lehrpfad wurde nach dem Motto »Wald und Flur erfüllen viele Aufgaben« gestaltet. Informationstafeln erläutern die verschiedenen Baum- und Straucharten, die Waldwirtschaft im allgemeinen, Waldbrandverhütung, Wildfütterung usw. – *Drolshagen,* als Pfarre im frühen 13. Jahrhundert bezeugt, 1477 Stadterhebung, Hanse-Mitglied; historischer Stadtkern, Heimatmuseum im »Alten Kloster«. Romanische Pfeilerbasilika St. Clemens, substanziell ins 12. Jahrhundert zurückreichend, eines der sehenswertesten Gotteshäuser im Olper Raum – trotz seitlichem Erweiterungsbau.

Tourenbeschreibung Die *Kreisstraße* überqueren, vorbei an einer *Übersichtstafel* und einem *Steinkreuz* des 17. Jahrhunderts. Mit dem Feldweg am Waldrand entlang vorerst auf der Südseite des Schmierhagen mit Blicken über das reizvolle Brachtpetal nach Olpe und südwestlich ins Bergische Land. Nach der *Unterstandhütte* schwenkt die Route in den Nordhang ein, hält sich dort links im Laubwald bzw. führt in Südwestrichtung zur Straße und auf ihr links zum nahen *Parkplatz.*

9 Iserlohn-Stadtwald – Wixberg – Asbecketal – Iserlohn-Stadtwald

Verkehrsmöglichkeiten Von Iserlohn (Autobahn-Anschluß-stellen, Bahnhof) südwärts auf der Landstraße 648 (Kesberner Straße) Richtung Ihmert. Mit dem Bus bis Haltestelle »Hermannsländchen«; schlechte Verbindungen.

Parkmöglichkeiten Wanderparkplatz im Erholungsgebiet Kesbern, rechts an der Landstraße 648; von Iserlohn-Westbahnhof 4 Kilometer, von Kesbern 1 Kilometer.

Wegemarkierungen Weiße Raute bis zur Höhe vor Wixberg. Zwischen Wixberg und Dannenhöfer weißes Andreaskreuz. Im Asbecketal zwei stehende weiße Balken.

Tourenlänge 15 Kilometer (einschließlich Wixberg).

Wanderzeit 4 Stunden.

Höhenunterschiede Insgesamt 700 Meter. Aufstieg vom Parkplatz (372 m) zur Höhe (440 m) vor Voßwinkel. Abstieg zur Landstraße 888 (318 m), Aufstieg zum Wixberg (445 m). Von

(Foto: Christina Garstecki)

40

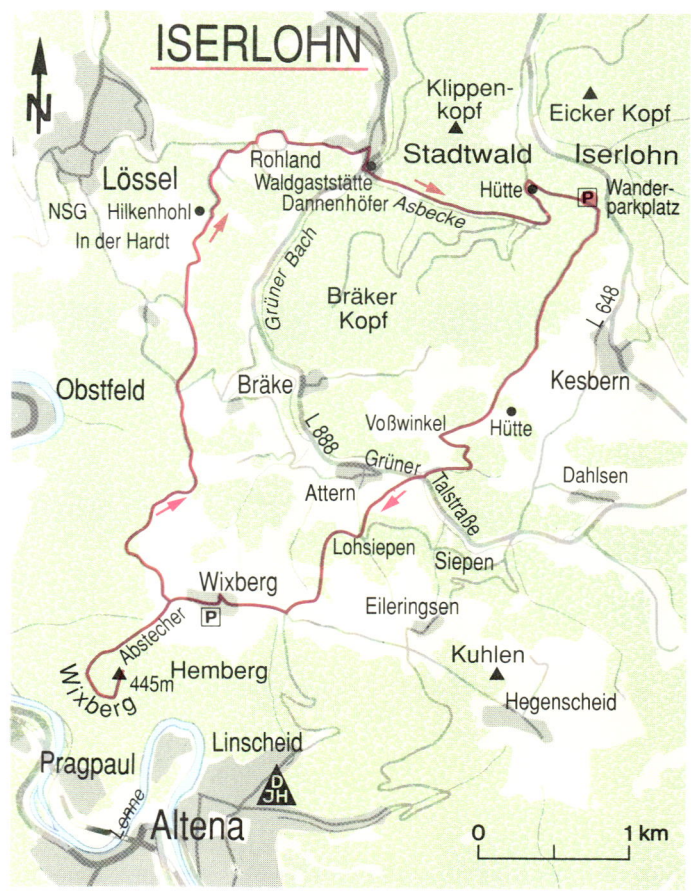

dort hinunter nach Dannenhöfer (223 m). Zum Schluß Steigung zum Parkplatz (372 m).

Wanderkarten   1:50 000 L 4712 Blatt Iserlohn, L 4710 Blatt Hagen.

Gaststätten unterwegs   Lohsiepen, Dannenhöfer.

Wissenswertes   *Iserlohn,* Metropole des Märkischen Sauerlandes. Anfang des 19. Jahrhunderts Kahlschlag der umliegenden Wälder für den Bergbau; Aufforstung ab 1870. Evangelische Marienkirche, zweischiffiger Hallenbau aus der Mitte des 14. Jahrhunderts. Kostbarer, um 1440 (wahrscheinlich in den Niederlanden) geschnitzter Altar, den in Westfalen bemalte Flügel

41

bereichern. Stadtmuseum bzw. heimatkundliche Sammlungen in einem Patrizierhaus des 18. Jahrhunderts; Montag geschlossen. – Westlich (4 km) von Iserlohn an der Bundesstraße 7 ist die Zufahrt zum Parkplatz der grandiosen *Dechenhöhle* beschildert. Die Tropfsteinbildung – Wachstumsgeschwindigkeit pro Jahr 0,1 mm – setzte nach der letzten Eiszeit vor rund 15 000 Jahren ein. Höhlenführungen (½ Std.) bei 12° Celsius. Höhlenmuseum. Naturlehrpfad (2 km) auf dem mitteldevonischen Karstplateau des Sondersberges.

(Foto: Christina Garstecki)

Tourenbeschreibung Vom Parkplatz etwa 50 Meter dem *Asbecker Weg* folgen, dann links (Holzhaus) und kurz bergan. Nach insgesamt ¼ Stunde kreuzt man auf einer Lichtung einen breiten Querweg. Noch kurz im Wald, dann über Feldfluren – südwestlich zeigt sich bereits der Wixberg – und am Saum eines Wäldchens entlang, worauf man in *Voßwinkel* eintrifft.

Vor dem ersten Haus, bei der *Wanderwegetafel,* geht es links in 10 Minuten hinunter zur *Grüner Talstraße* (L 888), die schräg rechts überquert wird. Im Gegenanstieg nach 10 Minuten am Gasthof Gerlach in *Lohsiepen* vorbei. Auf dem wenig befahrenen Sträßchen zur *Kammhöhe.* An der Kreuzung rechts und durch das ländliche Dorf *Wixberg* zum *Wanderparkplatz.* Vom Ausgangspunkt 1½ Stunden.

Weiter auf dem Sträßchen. Nach 200 Metern entweder links in ¼ Stunde auf den *Wixberg* (Fernsehumsetzer), der aber weder Aussicht noch Unterstandhütte bietet, oder an der Gabelung rechts abwärts, nun auf der *Hauptwanderstrecke 5* am Waldrand. Generalrichtung: Norden. Die Andreaskreuze berühren einen kleinen Parkplatz, lassen den *Bauernhof Hilkenhohl* zurück und erreichen mit der Straße *Schorhelle* eine aussichtsreiche Wegespinne (Rastbank). Rechts führt der *Jägerpfad* steil abwärts ins *Grüner Tal*. Auf der Talstraße kurz rechts. Links macht die traditionsreiche *Waldgaststätte Dannenhöfer* ihre Aufwartung.

Rechts des Gasthauses nehmen wir das Teersträßchen ins *Asbecketal* und laufen, anfangs neben dem Bach her, mäßig bergan in knapp ½ Stunde zu einer *Kreuzung* (Unterstandhütte). Dort sind es rechts noch 10 Minuten zum *Ausgangspunkt*.

10   Felsenmeer von Hemer

Verkehrsmöglichkeiten   Hemer im Naturpark Homert liegt an der Bundesstraße 7 Iserlohn – Menden sowie an der Landstraße 682 zwischen Iserlohn und Deilinghofen. Beschilderung »Felsenmeer«. Bahnhof. Busverbindungen.
Parkmöglichkeiten   Stadtteil Sundwig. Gegenüber dem Hotel Weise (4 Std. mit Parkscheibe, Wege-Übersichtstafel). Wenn belegt, Weiterfahrt (2 km) bis Deilinghofen. Am Ortseingang links, ebenfalls beschildert mit »Felsenmeer«.
Wegemarkierungen   U.a. weißes Andreaskreuz sowie A 8.
Tourenlänge   2,5 Kilometer.
Wanderzeit   50 Minuten.
Höhenunterschiede   Insgesamt etwa 100 Meter.
Wanderkarte   1:50000 L 4712 Blatt Iserlohn (nicht unbedingt erforderlich).
Wissenswertes   Das Felsenmeer, einmalig in Deutschland, entstand durch Einbrüche des mitteldevonischen Massenkalkes. Die Kelten hatten hier bereits Schmelzöfen für Eisenerz. Blütezeit der Erzgewinnung Mitte des 18. Jahrhunderts, Ausklang um 1865. Einer Sage nach soll der Zwergenkönig Alberich seine unermeßlichen Schätze im Felsenmeer verborgen haben. Als ihn Feinde überraschten, habe er ein Erdbeben herbeibeschworen, das die Landschaft zertrümmerte. In der Tat: Erosionseinflüsse bewirkten den Einsturz der Felsmassen. – *Heinrichshöhle, 25*

Meter oberhalb der Talsohle, 1905 als erste europäische Tropfsteinhöhle beleuchtet. Ausgebaute Länge etwa 300 Meter. Er-
giebigste tierische Knochenfunde aller Sauerlandhöhlen. Skelett
eines Höhlenbären, eines von 18 gefundenen Exemplaren, sowie
aus den Felsen ragende Knochenteile. Eintrittskarten im Hotel
Lehnert. – Spezialschrifttum, vor allem bezüglich der Höhlen
des Felsenmeeres: Heinrich Streich, Vademecum Sauerland.

Tourenbeschreibung Rechts neben dem *Hotel Weise* ansteigend in guten 5 Minuten in das hauptsächlich von Buchen bestandene *Naturschutzgebiet Felsenmeer*. Und schon wenig später haben wir rechts das zauberhafte *Kleine Felsenmeer*. Ein alter Stollen ist zu entdecken. Überall pittoreske Kalkriffe, kantige Felsstücke, schachtähnliche Einbrüche.

Linker Hand führt ein Stichpfad ins *Große Felsenmeer* mit der »Teufelsmauer« und der »Drachenschlucht«. Ein Abbauplan des Jahres 1827 registrierte 16 Bergbaustollen bis zu einer Sohlentiefe von 56 Metern.

Unsere Durchquerung hält sich an die Andreaskreuze, die streckenweise den Rand der Abbrüche berühren und Ausblicke

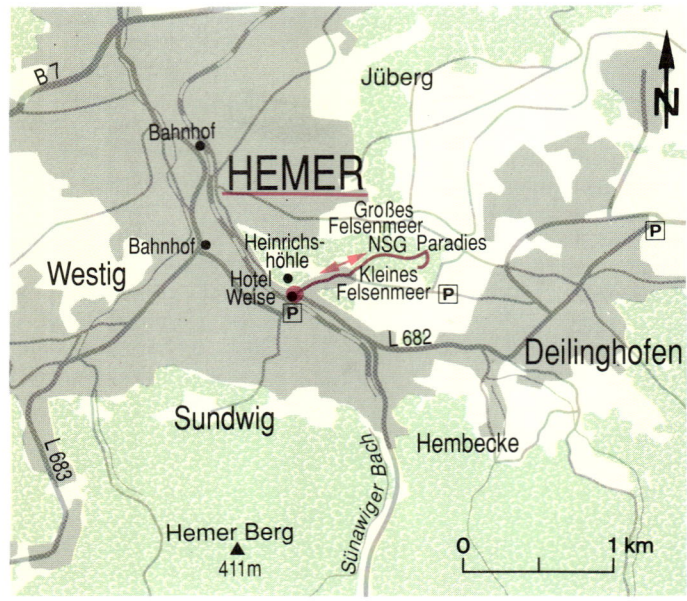

erlauben. Der hinterste (östliche) Teil heißt *Paradies,* wo dem Besucher die »Steinerne Kanzel« und die »Siegfried-Schmiede« präsentiert wird.

Die Entdeckungen können beliebig ausgedehnt oder verkürzt werden. Am »Figurenfelsen« zum Beispiel erkennen wir versteinerte Meerestiere, als Ruheplatz bietet sich das »Sofa« an, die »Hölle« ist natürlich kein endgültiger Seelenzustand, und am »Westfälischen Schinken« kann man sich die Zähne ausbeißen.

Der abenteuerlichen Exkursion folgt der Rückweg. Vor dem Erreichen der Talstraße lohnt sich der Abstecher rechts (100 m) zur *Heinrichshöhle.*

11 Hönnetal – Eisborn – Hövel – Schloß Melschede – Beckum – Hönnetal

Verkehrsmöglichkeiten   Das Hönnetal (zwischen Menden und Balve) wird von der Bundesstraße 515 durchzogen. Bahnstrecke Menden – Neuenrade; Haltestelle Binolen-Bahnhof (auch Bushaltestelle) 100 Meter vom Hotel-Restaurant Haus Recke entfernt.
Parkmöglichkeiten   Neben dem Haus Recke, im Restaurant vorher fragen.

(Foto: Ulrich Schnabel)

Wegemarkierungen Bis Eisborn weißes Andreaskreuz. Anschließend weiße Raute. Von Hövel zur Anhöhe vor Schloß Melschede A 1. Zwischen Melscheder Mühle und Beckum A 3. Ab Sanssouci weißes Andreaskreuz.

Tourenlänge 17 Kilometer.

Wanderzeit 4½ Stunden.

Höhenunterschiede Insgesamt etwa 750 Meter. Aus dem Hönnetal (200 m) zur Höhe oberhalb Eisborn (340 m), Abstieg zur Kreisstraße 26 (260 m), Anstieg Auf'm Haar (380 m), Abstieg nach Hövel (340 m), Auf- und Abstiege über Schloß Melschede (324 m) zur Melscheder Mühle (260 m). Über den Sportplatz (350 m) nach Beckum (260 m). Abschließend Flachstrecke.

Wanderkarte 1:50000 L 4712 Blatt Iserlohn.

Gaststätten unterwegs Eisborn, Hövel, Beckum, Sanssouci, Volkringhausen.

(Foto: Ulrich Schnabel)

Wissenswertes Das wildromantische, felsenreiche enge *Hönnetal* mit einer typischen Schlucht- bzw. Kalkflora im Naturpark Hommert schloß einst die Grenze zwischen dem kurkölnischen Sauerland (Erzbistum Köln) und der Grafschaft Mark; heute gehört es zum Märkischen Sauerland. Geologisch betrachtet handelt es sich um eine Karstlandschaft, was 23 Höhlen unterstreichen, allen voran die Reckenhöhle als einzige Tropfsteinhöhle; Führer im Haus Recke. – *Wasserschloß Melschede* der Freiherren v. Wrede, denen auch die umliegenden Forste, überwiegend

Laubwälder, gehören. Der einfache Dreiflügelkomplex mit schönen Portalen, Nachfolgerin einer 1281 erstmals urkundlich erwähnten Burg, entstand unter Ferdinand v. Wrede von 1663 bis 1669 nach Plänen des Franziskanerbruders Bonitius aus Trier. Letzter Umbau (Mansardendach des Herrenhauses, welsche Haube des südlichen Eckturmes) im Jahre 1923.

Tourenbeschreibung Schräg gegenüber dem *Parkplatz* von *Haus Recke* auf geteertem Fahrweg ansteigen in 10 Minuten zur freien Höhe. Durch Wiesen und Felder, vorbei am Fernsehverstärker zum *Flurkreuz* unter zwei Bäumen. An der Gabelung links haltend nach *Eisborn*. Vom Parkplatz 40 Minuten.

Rechts, wenig später erneut rechts, in die *Eisborner Dorfstraße*. Sie geht in die *Grübecker Straße* über. Abwärts zur *Kreisstraße 26*. Links, nach 500 Metern scharf rechts. Gegensteigung durch ein Waldstück, am Waldrand und wieder in den Wald. Auf'm Haar (Haus) bleibt links liegen. Ungefähr 10 Minuten später stößt man auf eine Teerstraße. Sie leitet in 10 Minuten zur Anhöhe, von der erstmals Hövel sichtbar ist; westlich schauen wir zum Kuppenmeer des Balver Wald. Absteigend nach *Hövel*, an der Kirche vorbei zur Bundesstraße 229. Vom Ausgangspunkt knapp 2 Stunden.

Rechts einige Schritte, dann links in den Fahrweg *Zum Rohnscheid*. Unmittelbar nach dem Fachwerkhaus Nr. 10 nimmt man rechts den geschotterten Weg bergan. Die Route beschreibt einen Halbkreis um die Waldkuppe Höveler Knapp und senkt sich zur *Landstraße 544*. Links, kurz danach halbrechts in den geteerten privaten Fahrweg und zum Kamm der Waldhöhe. An der Kreuzung (rechts Kreuz) geradeaus, hinunter zum malerisch gelegenen, von einem Park umgebenen *Schloß Melschede*.

Rechts durch die entzückende Talmulde zwischen Ballberg und Krähenbrinke 20 Minuten auswärts. Vor der ehemaligen *Melscheder Mühle* rechts, Gegensteigung zum *Sportplatz*, wobei man jetzt südöstlich die Krähenbrinke deutlich erkennt, hinter welcher sich der Sorpesee verbirgt. Anschließend geradeaus absteigend nach *Beckum*. Von Hövel 1½ Stunden.

Auf der Bundesstraße 229 links, vor dem Gasthof König-Fabry rechts, dann links in die *Dorfstraße*. Weiter durch die Straße *Im Beule*. An der nächsten Gabelung links halten, kurz darauf in den *Dompeweg*. Nach Haus Nr. 5 links zum *Kinderspielplatz*. Abermals links, auf die B 229 und rechts zur Gaststätte Rosengarten in *Sanssouci*.

Hinter der Eisenbahnunterführung rechts, nun wieder mit Andreaskreuzen (Hauptwanderstrecke 1). Ein Wanderschutz-

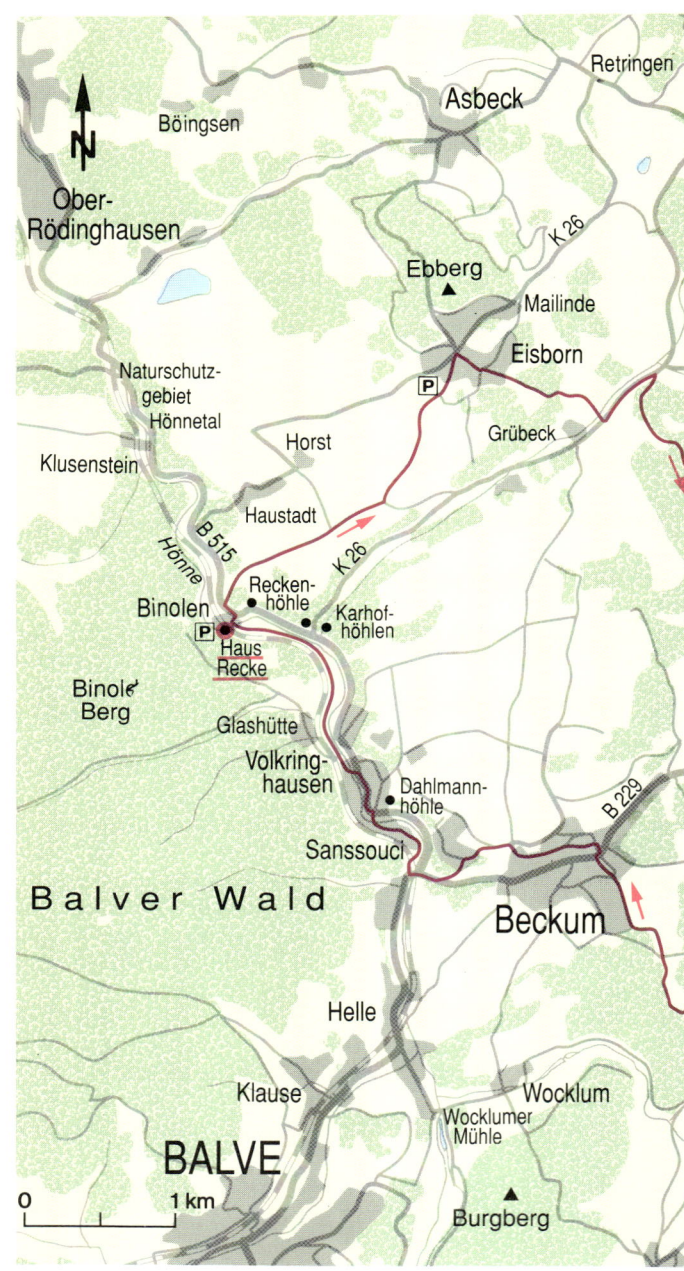

weg erschließt das *Hönnetal,* von Dichtern besungen als »romantischstes Tal Westfalens«. Rechts erneut durch eine Unterführung. Nahe dem Bahnkörper gelangt man nach *Volkringhausen.* Dort überspannt eine malerische bruchsteingefügte Dreibogenbrücke die Hönne. Abschließend zwischen Fluß und Eisenbahn in 35 Minuten zum *Haus Recke.*

12 Balve – Langenholthausen – Affeln – Neuenrade

Verkehrsmöglichkeiten Bundesstraße 515 von Menden durch das Hönnetal, Bundesstraße 229 zwischen Neheim-Hüsten und Werdohl. Bahnstrecke Menden – Neuenrade. Busverbindungen.
Parkmöglichkeiten An der Nordseite der katholischen Pfarrkirche St. Blasius; Hinweis »Jugendzentrum«.
Wegemarkierungen Weißes Andreaskreuz.
Tourenlänge 14 Kilometer.
Wanderzeit 3¾ Stunden.
Höhenunterschiede Insgesamt etwa 600 Meter. Aufstieg von Balve (250 m) an den Schieberg (320 m), Abstieg über Langenholthausen ins Borkebachtal (265 m), von dort über den Steltenbergkamm (340 m) an den Nücklenberg (420 m) und hinunter nach Affeln (330 m). Anstieg zum Schwarzen Kreuz (380 m). Vom Hexenplatz (359 m) über den Gersberg (400 m) nach Neuenrade (320 m).
Wanderkarte 1:50000 L 4712 Blatt Iserlohn.
Gaststätten unterwegs Langenholthausen, Affeln, Neuenrade.
Anmerkung Rückkehr von Neuenrade mit Bahn oder Bus.
Wissenswertes *Balve* feiert 2000 sein 570jähriges Stadtjubiläum, ist aber im Ursprung älter bzw. ging aus einem karolingischen Hofgut des 9. Jahrhunderts hervor, für dessen Schutz der Burgberg (siehe Tour 13) befestigt wurde. Katholische Pfarrkirche St. Blasius, wesentliches Beispiel des romanischen Hallenkirchentyps der Grafschaft Mark. Älteste Bauteile (spätes 12. Jh.) sind Querhaus und Chor; dreijochige Halle und Westturm aus dem 2. Viertel des 13. Jahrhunderts. Der neuromanische Anbau von 1910 stört den äußeren Gesamteindruck. Im Apsisgewölbe spätromanisches Fresko »Christus in der Mandorla«, 1434 erneuert; illustrierter Informationsanschlag. Unweit der Kirche das Prähistorische Museum mit beachtenswerten Funden aus der Balver Höhle (nördlicher Ortsrand), der größten und aussagekräftigsten Kulturhöhle Deutschlands: bis 133 Meter

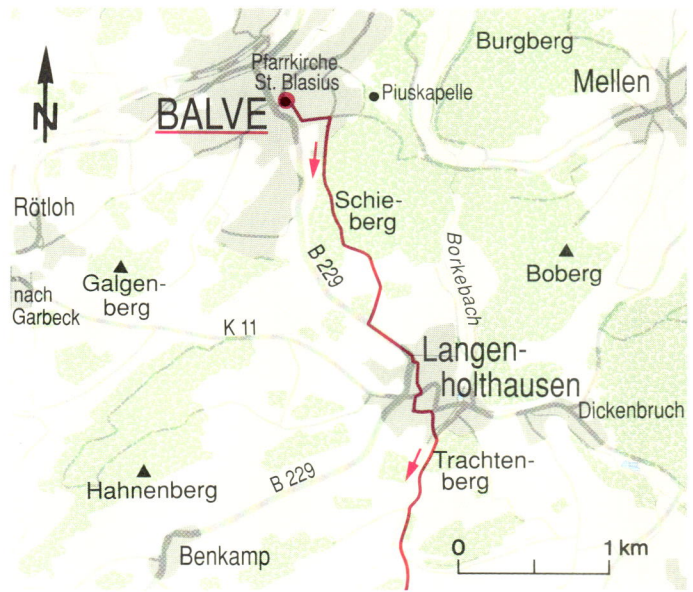

tief, 25 Meter breit, 11 Meter hoch. Spuren menschlichen Auf-
enthaltes reichen 9000 Jahre zurück und verlieren sich um 500
v. Chr. Keine andere derartige Stätte Mitteleuropas war konti-
nuierlicher bewohnt. Zeitweise dient die Höhle für Konzerte
und das Schützenfest. – *Affeln:* Spätromanische, dreischiffige
Hallenkirche. Südportal-Tympanon mit Reliefs »Kreuzigung
Christi«, »Geburt« und »Frauen am Grabe«. Im Chor ein präch-
tiger Antwerpener Flügelaltar des 16. Jahrhunderts. Die spätgotische Madonna im nördlichen Nebenchor war ursprünglich ein
Bestandteil des Altars. Im südlichen Nebenchor ein romanisches
Kruzifix. – *Neuenrade:* Auf dem Festungsgraben uralte Eichen
sowie eine 900 Jahre alte Gerichtslinde. Evangelische Pfarrkirche, schlichter Saalbau des 18. Jahrhunderts; spätgotische ge-
schnitzte Kanzel.

Tourenbeschreibung Vom *Parkplatz* kurz in Richtung Prähi-
storisches Museum, dann rechts und durch die *Parkanlage*
(Springbrunnen) zum *Bruckner Weg.* Links bergan, nach 150
Metern rechts in das Sträßchen *Zum Schieberg.* Bei der Forstschranke in den Wald, ansteigend die Westflanken des Schieber-
ges queren und hinunter nach *Langenholthausen.*

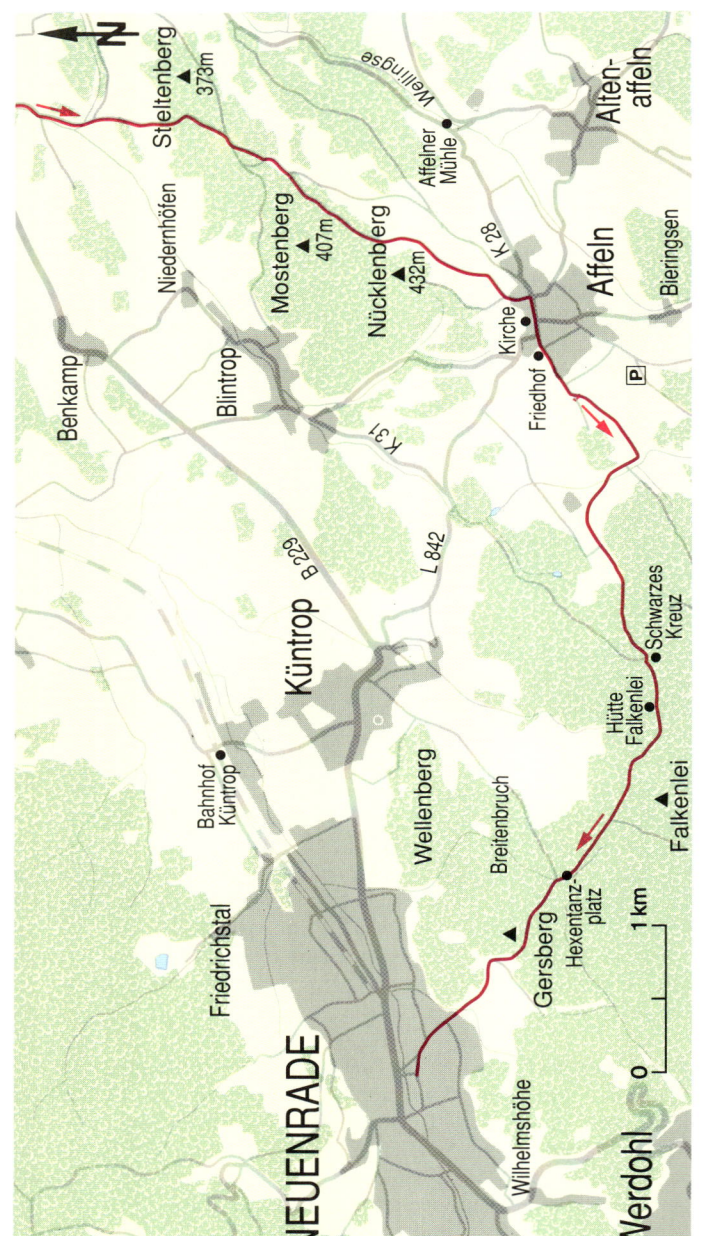

Gemäß den Andreaskreuzen durch den Ort, vorbei an der Gaststätte Haus Hellwig zum *Borkebach*. Am anderen Ufer rechts, zu Füßen des Trachtenberges (Fernsehverstärker) dahin. An der Wegegabel halblinks, bei der nächsten Gabelung geradeaus. Aus dem Westen grüßt, jenseits des Hönnetales, oberhalb von Neuenrade der Kohlberg. Im Wald des Steltenbergkammes zu einem querverlaufenden Forstfahrweg, der schräg rechts gekreuzt wird. Die Andreaskreuze durchmessen die Südosthänge des Mostenberges und des Nücklenberges und bringen uns hinunter nach *Affeln*. Von Balve 2 Stunden.

Rechts, an der Kirche vorbei und oberhalb des Friedhofs auf der *Hünninger Straße*. An der Wegegabel halblinks. Bald macht die Route einen Rechtsknick und schwenkt nach einer Scheune links ein. Durch Wald hinauf zum *Schwarzen Kreuz*. Geradeaus, die *Unterstandhütte Falkenlei* passierend, erreicht man den sagenumwobenen *Hexentanzplatz,* eine ehemalige Landwehr nordöstlich von Werdohl. Letzte Steigung zum flachen Rücken des Gersberges. Auf der anderen Seite fällt der Fahrweg ab nach *Neuenrade* am Rande des Naturparkes Homert.

13 Mellen – Luisenhütte – Schloß Wocklum – Burgberg – Mellen

Verkehrsmöglichkeiten Mellen im Naturpark Homert liegt auf einer Hochfläche 4 Kilometer östlich von Balve an der Kreisstraße 12, vom Sorpesee 3,5 Kilometer. Busverbindungen.

Parkmöglichkeiten Parkplatz (Wege-Übersichtstafel) am westlichen Ortsrand an der K 12, gegenüber Haus Nr. 25.

Wegemarkierungen A 4 bis Schloß Wocklum. Über den Burgberg A 3 bzw. Burgberg-Ringweg A 5.

Tourenlänge 7 Kilometer.   **Wanderzeit** 2 Stunden.

Höhenunterschiede Insgesamt 300 Meter. Von Mellen (300 m) abwärts ins Borkebachtal (200 m). Über den Burgberg (384 m) nach Mellen (300 m).

Wanderkarte 1:50 000 L 4712 Blatt Iserlohn.

Wissenswertes *Luisenhütte* (»Wocklumer Hammer«), einziges erhaltenes Holzkohle-Hochofenwerk Westfalens mit allen Einrichtungen des Entwicklungsstandards der Jahrhundertwende. Gegründet 1732 an alter Eisenschmelzstätte, »getauft« nach Gräfin Luise v. Landsberg, Umbauten und Erneuerungen 1833/ 34 und 1854; stillgelegt 1865, da infolge der 1861 eröffneten Ruhr-Sieg-Bahn bzw. abgelegener Lage nicht mehr konkurrenz-

fähig. Instandgesetzt 1950 als technisches Kulturdenkmal für
museale Zwecke. Führungen täglich außer Montag. – *Wasserschloß Wocklum* an der Stelle eines Adelssitzes aus der 1. Hälfte
des 14. Jahrhunderts, ab 1700 während mehrerer Bauperioden
in die heutige Gestalt gebracht. Die Anlage ist seit über 300 Jahren im Besitz der Grafen Landsberg-Velen, den Gründern der
Luisenhütte; international renommierte Reitturnier-Anlage.
Der Herr des Hauses ist Vorsitzender der Deutschen Reiterli-
chen Vereinigung und des Malteser Hilfswerkes. – *Burgberg:*
Der Ringwall war zusätzlich mit Trockenmauern bewehrt und
entstand vor rund 1100 Jahren in karolingisch-ottonischer Epoche zum Schutze des Königsgutes Balve; Rekonstruktionsmodell
im Sauerlandmuseum Arnsberg.

Tourenbeschreibung Vom *Parkplatz* kurz dem *Burgbergweg*
folgen. Links in den *Rundweg A 4* und ¼ Stunde abwärts. Auf
dem Querweg rechts bergan und links in den hochstämmigen
Buchenwald des Burgberges. Parallel zum Borkebach, der sich
durch das idyllische Tal schlängelt, erreicht man die Gebäude
der *Luisenhütte*. Von Mellen 40 Minuten.

Am Teich und *Kinderspielplatz* vorbei. Nach 10 Minuten,
beim Sägewerk, rechts in das untere *Orlebachtal* zum 500 Meter

entfernten *Schloß Wocklum*. Vor dem ehemaligen Bürogebäude (des abgerissenen Chemiewerkes) rechts, 5 Minuten hoch zum Waldrand. In den Wald, nach 100 Metern geradeaus, 5 Minuten empor in den baumbestandenen Sattel zwischen den Kuppen.

Jenseits etliche Schritte bergab. Rechts in den *Ringweg*, Wälle passierend auf die offensichtlich von Menschenhand geebnete Kuppe des *Burgberges*. Rechts führt ein Pfad im Halbkreis am Rand der steilen Böschung – leider ohne Ausblicke – zu einem Querweg (möglicherweise einstiges Tor), der links zurückleitet.

Aus dem Sattel abwärts. Mit dem Querweg rechts und nach dem Wald vollends hinunter nach *Mellen*. Rechts, bei der Kirche erneut rechts und zum *Parkplatz*.

14 Kohlberg

Verkehrsmöglichkeiten Anfahrt von Neuenrade (3 km) oder Altena (10 km) jeweils auf der Landstraße 698. Busverbindungen.

Parkmöglichkeiten Parkplatz Kohlberghaus an der L 698 unterhalb des Kohlberghauses.

Wegemarkierungen Weiße Raute und weißes Dreieck, A 2, weißer Kreis, weiße Raute.

Tourenlänge 7 Kilometer. **Wanderzeit** Etwa 2¼ Stunden.

Höhenunterschiede Insgesamt 350 Meter. Abstieg vom Waldfriedhof (504 m) zur Landstraße (420 m). Aufstieg von Villenberg (400 m) zur Landstraße (490 m).

Wanderkarte 1:50000 Blatt 4712 Iserlohn.

Gaststätte unterwegs Kohlberghaus.

Wissenswertes Beim *Kohlberg* im Märkischen Kreis bzw. im Naturpark Homert handelt es sich um einen kleinen Gebirgsstock zwischen Neuenrade und Altenau. Früher qualmten dort Kohlenmeiler; mit der Holzkohle wurden die Schmieden und Schmelzwerke der Umgebung beliefert.

Tourenbeschreibung Am *Kohlberghaus* rechts vorbei und im Wald in wenigen Minuten bergab zu einem Querweg. Links erreicht man die 1938 angelegte *Waldweihestätte:* Ehrenmal des Sauerländischen Gebirgsvereins für seine in den Weltkriegen gefallenen Mitglieder.

Weiter auf breitem Weg, zunächst eben, über eine aussichtsreiche Lichtung, in den Wald und 600 Meter zu einer kleinen

Lichtung. Hier rechts, nach 200 Metern erneut rechts, die Forstschranke passieren und mäßig bergan 5 Minuten zum *Waldfriedhof*. Danach an der Kreuzung links, abwärts zur Wegegabel. Rechts bzw. geradeaus hohlwegähnlich in 10 Minuten zum unteren Rand des Lifthanges und links haltend zur *Landstraße 698*. Vom Parkplatz 1 Stunde.

Rechts, nach 30 Metern links ab und auf einem Wiesenweg leicht bergan. Oben, vor der Straße, geht es links aussichtsreich am Waldrand, dann im Wald geradeaus auf dem Hangweg, vorbei an einem Wasserbunker. Die Route beschreibt eine Linkskurve. Der Wald lichtet sich. Aufwärts, am Waldrand entlang, links haltend hinunter zu einer Wegekreuzung (Rastbank). Hier rechts zur steingefaßten *Hönnequelle*. Vom Parkplatz 1¼ Stunden.

Kurz danach wird eine Asphaltstraße betreten. In wenigen Minuten zur Kuppe. Geradeaus (links Naturdenkmal »Eine Eiche«), 150 Meter nach der Lichtung rechts ab mit weißen Farbzeichen. Vorerst am Waldrand, dann halbrechts in den Wald und nach *Villenberg*. Vom Parkplatz 2 Stunden.

Vor dem ersten Haus spitzwinkelig rechts. Mit dem weißen Kreis ansteigen. Nach etlichen Minuten an der Gabelung rechts

Aussichtsturm auf dem Kohlberg　　　　　　(Foto: Helmut Dumler)

halten. Die weiße Raute führt in den Wald. Etwa 20 Minuten bergan zur *Autostraße*. Rechts, nach 70 Metern links über den *Parkplatz*. An seinem Ende rechts, hoch zur nahen Eisenkonstruktion des *Quittmannsturmes*, benannt nach den Stiftern (1893) aus der Neuenrader Familie Quittmann; Erneuerung des Turmes 1986 durch die Stadt Neuenrade. Unter dem Ausschauaspekt sei der Blick nordöstlich zum Burgberg (Tour 13) erwähnt sowie östlich über das Hönnetal zu den Anhöhen, über die Tour 12 verläuft.

Wieder zurück und rechts durch den Wald. Nach 5 Minuten, vor der *Waldweihestätte*, links hinunter zum *Kohlberghaus*.

15　Versetalsperre – Niederholte – Versetalsperre

Verkehrsmöglichkeiten　Autobahn-Anschlußstelle Lüdenscheid Süd. Von dort Richtung Herscheid 2 Kilometer.
Parkmöglichkeiten　Wanderparkplatz Waldlehrpfad auf der Ostseite der Versetalsperre sowie etwas unterhalb an der Straße.
Wegemarkierungen　Aufstieg von der Talsperre nach Niederholte weißer Kreis und A l. Anschließend weißes H.

Tourenlänge 12,5 Kilometer.   **Wanderzeit** 3¼ Stunden.
Höhenunterschiede Insgesamt etwa 200 Meter. Aufstieg vom
See (400 m) nach Niederholte (470 m). Abstieg – mit Unterbre-
chungen – zum See (400 m).
Gaststätten unterwegs Niederholte (Dienstag geschlossen),
Aechtenscheid (Samstag geschlossen).
Wanderkarte 1:50000 Blatt Naturpark Ebbegebirge.
Anmerkung Abgesehen von der Rundtour, kann der Wald-
lehrpfad an der Talsperre auch separat erwandert werden, ohne
Steigungen; hin und zurück 5 Kilometer.
Wissenswertes Die *Versetalsperre* (Baubeginn 1929) erfuhr ihre
Vollendung 1952 und ist Trinkwasserreservoir für Lüdenscheid;
Fassungsvermögen 32,80 Millionen Kubikmeter, durchschnittli-
cher jährlicher Zufluß 21,60 Millionen Kubikmeter. – Bei der
Anfahrt von Norden lohnt sich ein Besuch des *Schmiedemu-
seums Bremecker Hammer* (technisches Kulturdenkmal).

58

Tourenbeschreibung   Vom Parkplatz 100 Meter abwärts und vor dem Sperrdamm links in den geteerten breiten Weg des *Waldlehrpfades* am Ufer. Bäume und Sträucher sind beschildert und mit aufschlußreichen Informationen versehen.

Es vergehen etwa 80 Minuten, ehe wir das *Rückhaltebecken* erreichen. Ungefähr 10 Minuten danach biegt man links bei der rot-weißen Schranke in den geteerten Weg ein und steigt 10 Minuten an. Die Querstraße kreuzen und nach *Niederholte* in kanzelähnlicher Lage. Vom Parkplatz 2¾ Stunden.

Versetalsperre   (Foto: Helmut Dumler)

Vor dem *Gasthaus Vetter* kurz links, dann halbrechts über den Wanderparkplatz und dem herrlichen Panoramaweg folgen. Östlich wölbt sich der bis oben hin bewaldete Böllenberg; dahinter liegt Herscheid. Nach 20 Minuten durch ein Waldstück, dann rechts kurz abwärts. Vor der *Hochspannungsleitung* links mit einem Wiesenweg. Anschließend durch Wald abwechslungsreich zur Straße. Einige Schritte links, worauf man rechts in den breiten Weg einschwenkt und zum *Gasthaus Aechtenscheid* gelangt. Nördlich schweift das Auge über das Tal der Verse auswärts. Vollends hinunter zur Straße und links (Fußweg) zum *Parkplatz*.

16 Waldlehrpfad
Hokühlbucht

Verkehrsmöglichkeiten Von der Autobahn-Anschlußstelle Lüdenscheid Süd in Richtung Fürwiggetalsperre 3 Kilometer.
Parkmöglichkeiten Wanderparkplatz Klamerbrücke (Nordseite der Klamerbrücke).
Wegemarkierungen Tafeln und Schilder des Lehrpfades.
Tourenlänge 2,5 Kilometer.
Wanderzeit 35 Minuten.
Höhenunterschiede Unbedeutend.
Wanderkarte 1:50000 Blatt Naturpark Ebbegebirge.
Wissenswertes Die *Versetalsperre* (Baubeginn 1929) erfuhr ihre Vollendung 1952 und ist Trinkwasserreservoir für Lüdenscheid; Fassungsvermögen 32,80 Millionen Kubikmeter, durchschnittlicher jährlicher Zufluß 21,60 Millionen Kubikmeter. – Bei der Anfahrt von Norden lohnt sich ein Besuch des *Schmiedemuseums Bremecker Hammer* (technisches Kulturdenkmal).

Tourenbeschreibung Vor der *Klamerbrücke* rechts in den *Waldlehrpfad* einschwenken. Begleitet von zahlreichen Informationstafeln spazieren wir um die stille *Hokühlbucht* der *Versetalsperre* im Naturpark Ebbegebirge und abschließend über die *Klamerbrücke* wieder zum Parkplatz.

Hokühlbucht (Foto: Helmut Dumler)

Fürwiggetalsperre (Foto: Helmut Dumler)

Fürwiggetalsperre

Verkehrsmöglichkeiten Von der Autobahn-Anschlußstelle Lüdenscheid Süd an der Versetalsperre entlang zum Gasthaus Fürwiggetalsperre (7 km).
Parkmöglichkeiten Unterhalb des Gasthauses an der Westseite der Talsperre.
Wegemarkierungen Ab dem südöstlichen Zipfel der Talsperre weißes Andreaskreuz.
Tourenlänge 4 Kilometer.
Wanderzeit 1 Stunde.
Höhenunterschiede Unbedeutend.
Wanderkarte 1:50 000 Blatt Naturpark Ebbegebirge.
Wissenswertes Die zwischen 1902 und 1904 errichtete *Fürwiggetalsperre* im Ebbegebirge, der die Verse entfließt, zählt mit einem Fassungsvermögen von 1,65 Millionen Kubikmetern zu den kleinen Stauseen im Sauerland.

Tourenbeschreibung Als erstes laufen wir über die 175 Meter lange, 25 Meter hohe *Sperrmauer*. Auf der anderen Seite folgt man rechts dem geteerten Uferweg. Jetzt kann die Rundtour nicht mehr verfehlt werden. Taleinschnitte und Buchten werden ausgegangen, ehe die *Hauptwanderstrecke 6* mündet. Hier rechts, über den *Versebach,* etwas später über die Mündung der *Schürfelder Becke* und weiter auf genußreichem Spazierweg.

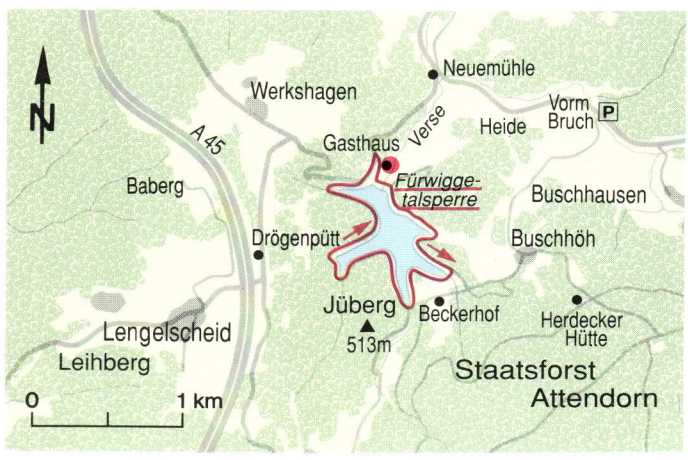

18 Stoltenberg – Österhöh – Nocken – Stoltenberg

Verkehrsmöglichkeiten Anfahrt von Meinerzhagen bzw. von der Autobahn-Anschlußstelle über Willertshagen.

Parkmöglichkeiten Wanderparkplatz Stoltenberg (Wege-Übersichtstafel), östlich von Meinerzhagen.

Wegemarkierungen Ab Österhöh A 4, dann A 3 bis zum Höhweg. Von dort weißes Andreaskreuz über Nocken bis vor die Autobahn. Abschließend weißer Punkt.

Tourenlänge 7,5 Kilometer.

Wanderzeit 2 Stunden.

Höhenunterschiede Insgesamt nicht ganz 300 Meter. Vom Parkplatz (490 m) Anstieg – mit Unterbrechungen – zum Höhweg (570 m) und zum Wegestern (569 m) oberhalb Nocken, Abstieg zum Autobahnviadukt (450 m), Steigung zum Parkplatz (490 m).

Wanderkarte 1:50000 Blatt Naturpark Ebbegebirge.

Tourenbeschreibung An der Südseite des *Parkplatzes* links (östlich) in das Tälchen der *Lister*. Kurz danach halblinks (Rast-

63

bank) in den Wald und bergan dem ausgeprägten Weg folgen,
d. h. an der ersten Gabelung halblinks, an der zweiten Gabelung
halbrechts. Etwa 20 Minuten nach dem Parkplatz stößt man auf
eine querverlaufende Waldschneise. Rechts zum markierten
Weg A 4. Auf ihm links. Bald ergeben sich rechts Durchblicke
in das entlegene, feuchte Tal des Räubger Baches. Nach 10 Minuten wendet sich A 4 links (kürzester Rückweg). Wir gehen geradeaus mit A 3 in 5 Minuten zu einem *Wegestern* (Unterstand).
Rechts weiter. Kurz vor dem Erreichen des Höhweges versteckt
sich rechts das Naturschutzgebiet Espeier Bruch. Vom Parkplatz
¾ Stunden.

Auf der Straße (Höhweg) übernimmt uns die *Hauptwanderstrecke 11*. Links 10 Minuten nach *Nocken*. Gegenüber des zweiten Hauses – früher Gasthof Zum Rothenstein – wenden sich die
Andreaskreuze links. Bergan in 5 Minuten zu einem *Wegestern*
(Rastplatz). Auf dem Teersträßchen links, begleitet von Wald-
lehr-Informationstafeln. Nach 100 Metern biegen wir rechts in
den geschotterten Forstfahrweg ein (geradeaus kürzester Rückweg). Kurz nach der Tafel »Holzfällung« darf die Linksabzweigung nicht übersehen werden! Bald senken sich die Markierungen im *Rothensteinwald* und stoßen beim Wasserbunker auf eine
Teerstraße, der man noch 200 Meter folgt. Dann links auf
schmalem Pfad. Wenige Minuten später, vor dem Autobahnviadukt, verläßt man die Andreaskreuze (nach Meinerzhagen)
links. Hinunter zu einem Bächlein und Gegensteigung zu einem
Weg. Er kommt rechts von Meinerzhagen und führt uns links,
zuletzt am Waldrand entlang zum *Parkplatz Stoltenberg*.

19 Ebbekamm – Fürwiggetalsperre – Nocken – Ebbekamm

Verkehrsmöglichkeiten Ebbegebirgs-Höhenstraße (Landstraße
707) zwischen Valbert (4 km) und Herscheid; von der Autobahn-Anschlußstelle Meinerzhagen 10 Kilometer über Valbert.
Parkmöglichkeiten Wanderparkplatz auf dem Ebbekamm, an
der Ostseite der Landstraße 707.
Wegemarkierungen Weißes Andreaskreuz bis zur Fürwiggetalsperre sowie von Nocken zum Parkplatz.
Tourenlänge 12 Kilometer.   **Wanderzeit** 3 Stunden.
Höhenunterschiede Insgesamt etwa 400 Meter. Abstieg vom
Höhweg (620 m) zur Fürwiggetalsperre (440 m), von dort Aufstieg über Nocken zum Höhweg (620 m).

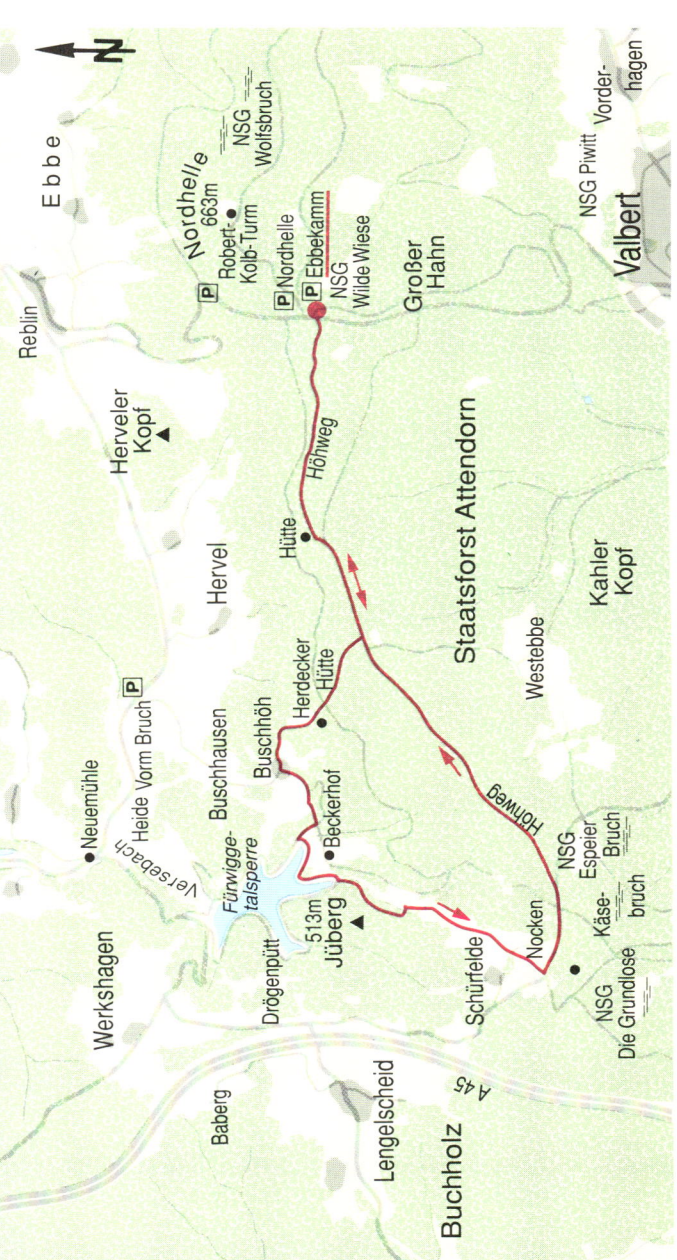

Wanderkarte 1:50000 Blatt Naturpark Ebbegebirge.

Anmerkung Die Wanderung kann auch von Nocken gemacht werden, als ausgesprochene Rundtour (7,5 km bzw. 2 Std.) zur Fürwiggetalsperre.

Wissenswertes *Ebbegebirge,* siehe Tour 20.

(Foto: Ulrich Schnabel)

Tourenbeschreibung Gegenüber dem *Parkplatz,* auf der West-seite der Landstraße 707, in den Wald und den Andreaskreuzen folgen. Etwa 25 Minuten später wird eine *Unterstandhütte* pas-siert. Wir bleiben noch 10 Minuten auf dem *Höhweg.* Dann wei-sen die Markierungen der *Hauptwanderstrecke 6* bei einer Ka-stanie (Steinsetzung mit Inschrift BP) unmißverständlich nach rechts. Abwärts durch Tannenwald, einen Querweg kreuzen. Links im Wald steht die Hütte des Herdecker Ruderclubs. An der Wegegabel links halten. Sobald uns der Wald frei gibt, sind wir bei den Häusern von *Buschhöh.* Links auf geteertem Fahr-weg. An der Linkskurve geradeaus, auf die Andreaskreuze ach-tend. Etwa ½ Stunde nach dem Höhweg geht es bei der Schran-ke links und über den *Versebach.* Der Wasserspiegel der *Fürwig-getalsperre* tritt ins Blickfeld. Anschließend die *Schürfelder Bek-ke* überschreiten. Noch 50 Meter auf dem Seerundweg, dann links ab (Schranke). Ein Pfad führt im idyllischen Tal einwärts, etwa 10 Minuten am Saum der Weidewiesen. Dann stößt er auf einen Fahrweg. Links, bei der *Rastbank* die Böschung empor zu einem anderen Weg und wieder talein. Bei der Skilifthütte

66

rechts haltend über den Talboden und in ¼ Stunde vollends hoch zu den beiden Häusern von *Nocken;* das rechte Haus war bis Ende der achtziger Jahre Gasthof zum Rothenstein, an das sich ältere Wanderer noch erinnern werden.

Vom See ½ Stunde.

Links auf der Straße ungefähr 10 Minuten. Dann halblinks in den geteerten *Höhweg* bzw. *Hubertusweg.* Auf ihm fast schnurgerade 35 Minuten zur bekannten Anmarschroute und vollends zum *Parkplatz.*

20 Nordhelle

Verkehrsmöglichkeiten Ebbegebirgs-Höhenstraße (Landstraße 707) zwischen Valbert (4 km) und Herscheid; von der Autobahn-Anschlußstelle Meinerzhagen 10 Kilometer.

Parkmöglichkeiten Wanderparkplatz auf dem Ebbekamm, an der Ostseite der Landstraße 707 an der Abzweigung zur Nordhelle.

Wegemarkierungen A 1 und zwei senkrechte weiße Balken zur Wegespinne Stahlschmidt. Rückweg weiße Andreaskreuze.

Tourenlänge 6 Kilometer. **Wanderzeit** 1½ Stunden.

Höhenunterschiede Insgesamt knapp 150 Meter. Aufstieg von der Wegespinne Stahlschmidt (602 m) zur Nordhelle (663 m), Abstieg zum Parkplatz (608 m).

Gaststätte unterwegs Gaststätte Nordhelle.

Wissenswertes Informationstafeln des Lehrwander- und Naturlehrpfades Ebbegebirgskamm. – Der Kamm des Ebbegebirges, im Volksmund »Ebbe« genannt, erstreckt sich zwischen Meinerzhagen und Plettenberg, geologisch bestehend aus devonischem Schiefer und Grauwackegestein. – Von der Plattform des *Robert-Kolb-Turmes* umfassende Rundblicke östlich über das Lennegebirge, südöstlich auf die Hohe Bracht mit ihrem Turm, südlich über das Olper Land, südwestlich an klaren Tagen bis zum Siebengebirge am Rhein, im Westen über das Bergische Land, nordwestlich auf Lüdenscheid, im Norden zum Balver Wald und nordöstlich auf die Östertalsperre.

Tourenbeschreibung Kurz auf der Straße in Richtung Nordhelle. Bei der Wege-Übersichtstafel halbrechts und dem *Lehrwanderpfad Ebbegebirgskamm* folgen. Rechts unterhalb versteckt sich das Naturschutzgebiet Wilde Wiese, wo die Schmale Becke

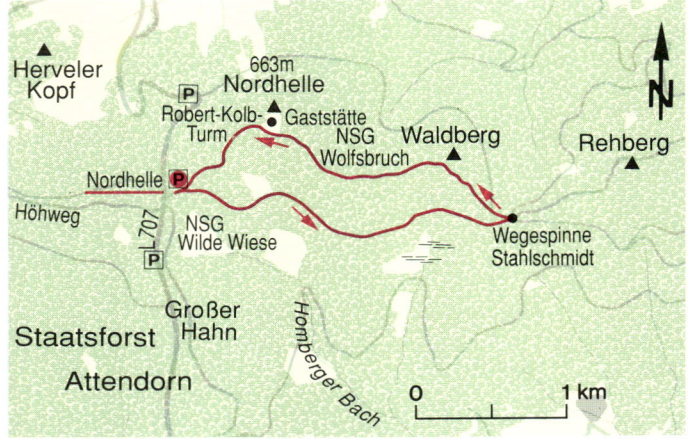

entspringt. Nach ½ Stunde sind wir beim Schutzdach der *Wege-spinne Stahlschmidt* (zur Erinnerung an den verdienstvollen SGV-Mann Robert Stahlschmidt).

Scharf links, jetzt mit den Andreaskreuzen der *Hauptwander-strecken 6* und *11* auf geteertem Weg bergan. Der UKW-Sende-turm (rot-weiße Masten) auf dem Waldberg bleibt rechts liegen. Wir schlendern westwärts. Nördlich liegt das Naturschutzgebiet Wolfsbruch, ein kleines Hangmoor. Vorbei an einer rekonstru-ierten Köhlerhütte und einem Kohlenmeiler geht es auf die *Nordhelle:* höchste Erhebung (663 m) im Ebbegebirge bzw. im westlichen Sauerland. Hier steht der aus massiven Steinquadern erstellte *Robert-Kolb-Turm* im Gedenken an den Mann, auf des-sen Initiative hin das Hauptwanderwegenetz des Sauerländi-schen Gebirgsvereins (SGV) entstand; Kolb starb 1909 im Alter von 42 Jahren. An den Turm ist die *Gaststätte Nordhelle* ange-baut; gegenüber seit den sechziger Jahren ein Fernsehsende-turm.

Von der Nordhelle absteigen auf der Straße, die etwa 5 Minu-ten später abgekürzt werden kann, zum *Parkplatz.*

21 Valbert – Benzel – Listertal – Ingemerter Mühle – Eulenberg – Möllsiepen – Vestenberg – Valbert

Verkehrsmöglichkeiten Von der Autobahn-Anschlußstelle Meinerzhagen 6 Kilometer, von Attendorn (nächster Bahnhof) 15 Kilometer, von Herscheid 10 Kilometer. Gute Busverbindungen; Haltestelle »Valbert-Ort«.

Parkmöglichkeiten Hinter der evangelischen Pfarrkirche.

Wegemarkierungen Bis Langenohl weiße Andreaskreuze der Hauptwanderstrecken 12 und 20, anschließend weiße Raute.

Tourenlänge 23 Kilometer.

Wanderzeit 6 bis 6 ½ Stunden.

Höhenunterschiede Insgesamt rund 1000 Meter. Von Valbert (420 m) langgezogener Anstieg – mit kurzem Abstieg – zum Benzel (446 m), Abstieg ins Listertal (340 m), Aufstieg bis 465 m, Abstieg zur Ingemerter Mühle (355 m), Anstieg – mit Unterbrechung – auf den Eulenberg (497 m), von der Straße (485 m) nördlich Hardenberg Abstieg ins Listertal (380 m), abschließend über Vestenberg (455 m) zum Wanderparkplatz Valbert (480 m).

Gaststätten unterwegs Ingemerter Mühle (Samstag/Sonntag), Möllsiepen.

Wanderkarte 1:50000 Blatt Naturpark Ebbegebirge.

Wissenswertes *Valbert* wird im frühen 11. Jahrhundert erstmals beurkundet als »Falebreth«.

Tourenbeschreibung Von der *Kirche* über die Durchgangsstraße, links vorbei an der *Gaststätte Zigarrenkiste* und kurz danach rechts durch die Unterführung der *Umgehungsstraße* (L 539). Rechts auf dem Teersträßchen, geradeaus und vom letzten Haus auf dem Wanderweg durch ein Waldstück. An seinem Ende bietet sich erstmals eine umfassende Sicht, zum Beispiel schwach südöstlich zur Kuppe des Benzel, dem ersten »Gipfelziel«.

Auf dem geteerten Fahrweg links etwa 100 Meter, dann rechts in den Weiler *Höh*. Dort an der Gabelung links halten mit einem grasigen Weg in das liebliche Bachtal. Ungefähr ¼ Stunde nach Höh nimmt man an der Gabelung den linken Ast und steigt an zum nächsten Teersträßchen. Links 5 Minuten zum *Park- und Rastplatz Wilkenberg*. Von Valbert 50 Minuten.

Nun gilt eine ganze Weile die Südrichtung. Ein Sträßchen führt zur Spitze des Laubwaldes. Geradeaus in 10 Minuten zum *Benzel* (446 m), der – entgegen dem Zeichen in den Karten – keinen Aussichtsturm mehr trägt. Wenige Minuten später links,

nach 200 Metern rechts, dann ein Quersträßchen schräg rechts kreuzen und im Gegenanstieg zur *Rauhen Hahne.* Abwärts, aus dem Wald und mit einem geteerten Fahrweg – auf der gegenüberliegenden Talseite Grauwacke-Steinbrüche – durch den Weiler *Berg* hinunter ins *Listertal.* Von Valbert 1¾ Stunden.

Die *Landstraße* 709 kreuzen, über die *Lister* und auf dem geteerten Fahrweg bergan ¼ Stunde zu den Häusern von *Kram.* Rechts, knapp 5 Minuten später scharf links und zum nächsten Fahrweg, auf ihm rechts. Kurz danach setzt sich die Hauptwanderstrecke 12 geradeaus fort (Richtung Drolshagen), wir indes vertrauen uns spitzwinkelig rechts der *Hauptwanderstrecke 20* an. Vom Listertal 35 Minuten.

Nicht ganz 5 Minuten auf dem breiten Waldfahrweg, dann halblinks, die Kuppe 478 links umgehen und wieder auf den Fahrweg (Rastbank) am Südrand einer Wiese. Ungefähr 10 Minuten später schwenken die Andreaskreuze rechts ein. Absteigend am Rand eines Grauwacke-Steinbruches, auf der kleinen Lichtung links halten, vollends zur Talstraße und zum *Gasthaus Ingemerter Mühle.* Von Valbert 3¼ Stunden.

Vor dem Gasthof links (geradeaus kürzester Rückweg über Hardenberg) bergan. Nach ¼ Stunde dem Querweg rechts folgen durch den Ingemert-Nordhang. Vor einer kleinen Lichtung geht es rechts, hinunter in eine Talmulde. Kurz auf der Ingemertstraße, dann geradeaus (abseits der Bauernhof Oberingemert) zur stumpfen Wölbung des *Eulenberges* (497 m). Abwärts, über eine Lichtung (Jäger-Hochsitz). Am Wald rechts zu einem Teersträßchen bei *Langenohl.* Von der Ingemerter Mühle eine Stunde.

Während sich die Andreaskreuze links wenden, laufen wir rechts entsprechend der weißen Raute, passieren einen Gebäudekomplex und verlassen das Sträßchen nach 5 Minuten links auf einem Wiesenweg (Raute am Leitungsmast). Durch den Südosthang des Rammskopfes. Hernach rechts halten, nacheinander zwei Bachläufe überschreiten, erneut rechts halten, ansteigend zum Waldrand; rechts unten wird Hardenberg sichtbar, nordöstlich davon das Naturschutzgebiet Gleyer, eine feuchte Wacholderheide im Besitz des Sauerländischen Gebirgsvereins.

Zur nahen Straße. Rechts einige Meter, worauf uns links das Teersträßchen in 10 Minuten hinunter nach *Möllsiepen* bringt. Vorbei am Restaurant Eckern, durch die Bahnunterführung und 50 Meter danach rechts ins *Listertal* bei *Häusgermühle.* Von Valbert 5 Stunden.

Auf der *Landstraße 709* etwa 300 Meter links. Scharf rechts in das schattige Teersträßchen, dem man aber nur 200 Meter folgt.

Vor dem einzeln stehenden Haus in spitzem Winkel links. Nach ¼ Stunde betreten wir in *Vestenberg* wieder das Sträßchen. Es leitet in 20 Minuten zum *Wanderparkplatz Valbert.* Links haltend abwärts. Oberhalb der Straße rechts, letztmals kurz bergan und parallel zur Umgehungsstraße bzw. auf bekannter Route zurück.

22 Waldlehrpfad Listertalsperre

Verkehrsmöglichkeiten Ab Autobahn-Anschlußstelle Drolshagen über Herpel 4,5 Kilometer, von Attendorn auf der Listertal-Uferstraße 9 Kilometer. Günstigste Bushaltestelle (Linie Olpe – Attendorn) ist »Viadukt« am Nordufer, gute 5 Minuten vom Lehrpfad entfernt.
Parkmöglichkeiten Wanderparkplatz Gut Kalberschnacke.
Wegemarkierungen Richtungspfeile »Waldlehrpfad«.
Tourenlänge 3,5 Kilometer.
Wanderzeit 50 Minuten.
Höhenunterschiede Insgesamt 180 Meter. Aufstieg vom Parkplatz (324 m) zur Unterstandhütte (410 m). Abstieg zum Parkplatz (324 m).
Wanderkarte 1:50000 Blatt Naturpark Ebbegebirge.
Anmerkung Badestrand in der Nähe des Parkplatzes, neben dem Camping Kalberschnacke.

Wissenswertes Der *Listerstausee,* fertiggestellt vor dem Ersten Weltkrieg, erstreckt sich über eine Länge von 6 Kilometern und faßt 22 Millionen Kubikmeter. An der Mauer wird das Wasser für das Aufbereitungswerk Erbscheid entnommen. Es versorgt über eine Ringleitung zahlreiche Gemeinden des Südsauerlandes mit Trinkwasser.

Der Lehrpfad behandelt das Thema »Wald und Flur erfüllen viele Aufgaben«.

Tourenbeschreibung Vom *Parkplatz* bzw. von der Wege-Übersichtstafel 250 Meter talein. Bei der Gabelung links ansteigen. Hangmulden ausgehend, erreicht man westlich des Dumicker Gnickes die *Unterstandhütte* am Wendepunkt der Rundwanderung. Der Rückweg verläuft durch eine walderfüllte Mulde, zunächst nordöstlich, abschließend östlich.

23 Biggetalsperre – Buchhagen – Bremge – Biggetalsperre

Verkehrsmöglichkeiten Von Attendorn (siehe Touren 25, 26) am Südostufer der Talsperre 2,5 Kilometer zum Parkplatz.
Parkmöglichkeiten Am Ende der Straße von Attendorn, 100 Meter vor der Waldenburg Kapelle. An schönen Sonntagen häufig belegt.
Wegemarkierungen Bis Bremge weißes Andreaskreuz.
Tourenlänge 11,5 Kilometer.
Wanderzeit 3 Stunden.
Höhenunterschiede Insgesamt 300 Meter. Vom Parkplatz (310 m) auf die Höhe nach dem Buchhagen (450 m). Abwärts – mit kurzer Gegensteigung – nach Bremge (320 m). Am Seeufer eine leichte Steigung.
Wanderkarte 1:50 000 Blatt Naturpark Ebbegebirge.
Wissenswertes Die *Biggetalsperre* wurde nach neunjähriger Bauzeit im November 1965 für die Strom- und Trinkwasserversorgung des Ruhrgebietes ihrer Bestimmung übergeben: einer der größten Stauseen Europas. Fassungsvermögen 140 Millionen Kubikmeter, mit der Listertalsperre 171 Millionen Kubikmeter. Durch den Bau mußten 2555 Menschen umgesiedelt werden. Wassersport, Camping. Fahrgastschiffe (seit 1927) verkehren zwischen Gründonnerstag und Ende Oktober ab der Anlegestelle Biggedamm. – *Kapelle Waldenburg:* Die ursprüngliche, 1723 geweihte Wallfahrtsstätte mußte der Talsperre weichen;

Neubau 1956. Gnadenbild ist eine von Legenden umwobene Pietá. Informationsanschlag. Oberhalb der Kapelle, seeseitig, trutzte die wahrscheinlich vom rheinischen Pfalzgrafen Ezzo († 1034) errichtete Waldenburg als Mittelpunkt der gleichnamigen Herrschaft, die 1238 an den kinderlosen Grafen Heinrich v. Sayn gelangte. Seine Witwe verkaufte die Herrschaft 1248 an Kurköln. Zuletzt (nach 1691) Besitz der Freiherren von Fürstenberg zu Schnellenberg (siehe Tour 26); um 1700 ausgebrannt und dem Verfall überlassen. Geplante Restaurierungsmaßnahmen der einst politisch bedeutungsvollen Stätte scheiterten. – *Attendorn* siehe Tour 24.

Tourenbeschreibung Vom Parkplatz zur *Kapelle Waldenburg* und links des Baches auf dem Forstfahrweg parallel zur Teerstraße, die man nach 5 Minuten quert. Ab der Schranke weiter bergan, die Linkskurve durch eine Art Felstor ausgehen. Zwischen den Bäumen durch schimmert der Wasserspiegel des Biggetalsees. Etwa 20 Minuten nach der Kapelle ist die hauptsächliche Steigung geschafft. Der Weg beschreibt um die Waldkuppe des Buchhagen einen Halbkreis und stößt wieder auf die *Straße*. Jenseits etwas bergan und im Rechtsbogen, vorbei am Wasserbunker durch hochstämmigen Tannenwald abwärts. Anschließend ungefähr 300 Meter auf der Straße. An ihrer Rechtskurve (Kreuz) geradeaus in den verschlafenen Weiler *Bürberg*. Vom Parkplatz 50 Minuten.

Bei dem hübschen, 1745 errichteten Fachwerkgebäude geht es links, ein letztesmal spürbar aufwärts. Anschließend verwöhnt den Wanderer eine ausgesprochene Promenade. Um die Kuppe herum und hinab zu den Häusern von *Bremge*. Vom Ausgangspunkt knapp 1¼ Stunden.

Rechts auf dem Fußweg neben der Straße, vorbei an der *Kapelle*, etwa 200 Meter. Dann halbrechts und im weiteren Verlauf am Ufer der *Biggetalsperre* in 1¾ Stunden wieder zum *Parkplatz*.

24 Attendorn – Auf der Höh – Rehberg – Nordhelle – Valbert

Verkehrsmöglichkeiten Bundesstraße 236 Lennestadt – Plettenberg, Abzweigung Finnentrop. Von den Autobahn-Anschlußstellen Olpe sowie Drolshagen jeweils 14 Kilometer. Bahnhof der Strecke Olpe – Finnentrop. Busverbindungen.
Parkmöglichkeiten Am Saum der Altstadt, beschildert.
Wegemarkierungen Weißes Andreaskreuz; ab Windhausen zusätzlich weißes Ⓟ (= Wanderweg Rund um Plettenberg) bis vor die Unterstandhütte am Büenhardt.
Tourenlänge 16,5 Kilometer.
Wanderzeit 4½ Stunden.
Höhenunterschiede Insgesamt etwa 900 Meter. Aufstieg von Attendorn (250 m) zum Rehberg (646 m), Abstieg zur Wegespinne Stahlschmidt (602 m), Aufstieg zur Nordhelle (663 m), Abstieg nach Valbert (400 m).
Wanderkarte 1:50000 Blatt Naturpark Ebbegebirge.
Gaststätten unterwegs Windhausen (10 Minuten abseits), Nordhelle.
Anmerkung Rückkehr von Valbert per Bus ab Kirche (Haltestelle »Valbert-Ort«). Abfahrtzeiten im Bahnhof Attendorn erfragen.

Wissenswertes *Attendorn* im Biggetal ging aus der bäuerlichen Siedlung »Attandara« an der mittelalterlichen »Heidenstraße« (Köln – Kassel – Leipzig) hervor, erhielt um 800 die erste Kirche des südwestlichen Sauerlandes, besaß um 1200 Markt- und Münzrechte, entwickelte sich zu einer Metropole im kurkölnischen Sauerland; Soester Stadtrecht 1222 unter Erzbischof Engelbert. Im 14./15. Jahrhundert Blütezeit infolge des Fernhandels mit Tuch- und Eisenwaren, Mitglied der Hanse (1250–1450). Befestigungsanlagen 1812 geschleift bis auf klägliche Reste (Bieketurm, Pulverturm, Stadtmauerteile). Während des Zweiten Weltkrieges schwere Schäden durch britischen Bombenterror; u. a. Zerstörung der Franziskanerkirche. Katholische Pfarrkirche St. Johannes Baptist – »Sauerländer Dom« – mit dreischiffigem gotischem Hallenlanghaus bzw. Querschiff und Chor aus der 2. Hälfte des 14. Jahrhunderts. Große spitzbogige Maßwerkfenster, barocke Innenausstattung wie die beiden Seitenaltäre und der Kanzelkorb aus dem frühen 18. Jahrhundert des seinerzeit begehrten Attendorner Bildhauers Johann Sasse. Auf dem Hochaltar gotisches Kruzifix. Der Alte Markt in der Fußgängerzone trennt die Kirche und das Rathaus, eines der ältesten (2. Hälfte des 14. Jh.) und stattlichsten in Westfalen, 1964/65 orginalgetreu restauriert. Einziger erhaltener kommunaler gotischer Profanbau Südwestfalens; Kreisheimatmuseum, Montag geschlossen. Feuerwehr-Museum. Alle 5 Jahre (2000, 2005) veranstaltet die Schützengesellschaft den Trillertanz in mittelalterlichen Kostümen zur Erinnerung an die Vertreibung der Schweden im Dreißigjährigen Krieg (1618–1648), als Attendorn vier Wochen erfolglos belagert worden war. – Attahöhle (östlicher Stadtrand, beschildert), größte (6700 m^2) und eindrucksvollsten Tropfsteinhöhle – »Zauberberg des Sauerlandes« – in Deutschland, 1907 zufällig entdeckt durch Steinbrucharbeiter bei Sprengungen. Erschlossen (in zwei Etagen) auf 1,8 Kilometer; die Führungen dauern 40 Minuten, 9° Celsius.

Tourenbeschreibung Vom *Kirchplatz* in die *Truchseßgasse*. An ihrem Ende rechts, auf der *Ennester Straße* links, nach 5 Minuten am Friedhof vorbei, nach weiteren 5 Minuten links in das Sträßchen *Am Hettmecker Teich* und mit den Andreaskreuzen bergan. An der Gabelung halbrechts, nach 100 Metern (gegenüber Haus Nr. 5) rechts in den Wald und gleich links auf grasigem Weg den Anstieg fortsetzen. Etwa 20 Minuten später stößt man auf einen Forstfahrweg. Kurz rechts, dann halbrechts und am Rand einer Wiese entlang, oberhalb von Gut Dahlhausen, dessen Dächer in der Mulde zu sehen sind. Weiter am Wald-

Bürberg (Foto: Helmut Dumler)

rand, durch ein Waldstück und wenig später links haltend zum Ortsrand von *Windhausen*. Von Attendorn 1¼ Stunden.

Links, bzw. rechts neben der Straße auf einem Wanderschutzpfad in die Siedlung *Auf der Höhe;* links instruktives Aussichtspodest. Weiter auf der Straße Richtung Weltringhausen. Kurz nach den nächsten Häusern wird die Straße bei einem *Flurkreuz* (Rastbank) links verlassen. Ansteigen zum *Sportplatz* am Deimershardt. Nicht auf die Straße, sondern westwärts, bald einen Querweg kreuzen. Etwa ¼ Stunde später geht es vor dem Forststräßchen spitzwinkelig rechts und ansteigend im Nordosthang des Büenhardt zur *Unterstandhütte* (kurz davor biegt die P-Markierung scharf rechts ab zur Oestertalsperre). Von Attendorn 2½ Stunden.

Nun südwestwärts, durch den Nordwesthang des Büenhardt in eine schwach ausgeprägte Einsattelung, aus der wir in guten fünf Minuten die Kuppe des *Rehberges* (646 m) gewinnen: zweithöchste Erhebung im Ebbegebirge. Von Attendorn knapp drei Stunden.

Abwärts auf schmalem Weg in 10 Minuten zur *Wegespinne Stahlschmidt*. An der Unterstandhütte rechts vorbei und auf geteertem Weg bergan. Der UKW-Sendeturm auf dem Waldberg bleibt rechts liegen. Wir laufen in westliche Richtung. Nördlich, unterhalb der Kammhöhe, träumt das Naturschutzgebiet Wolfsbruch (3,07 ha), ein kleines Hangmoor. Vorbei an einer rekonstruierten Köhlerhütte und einem Meiler, ist es nicht mehr weit

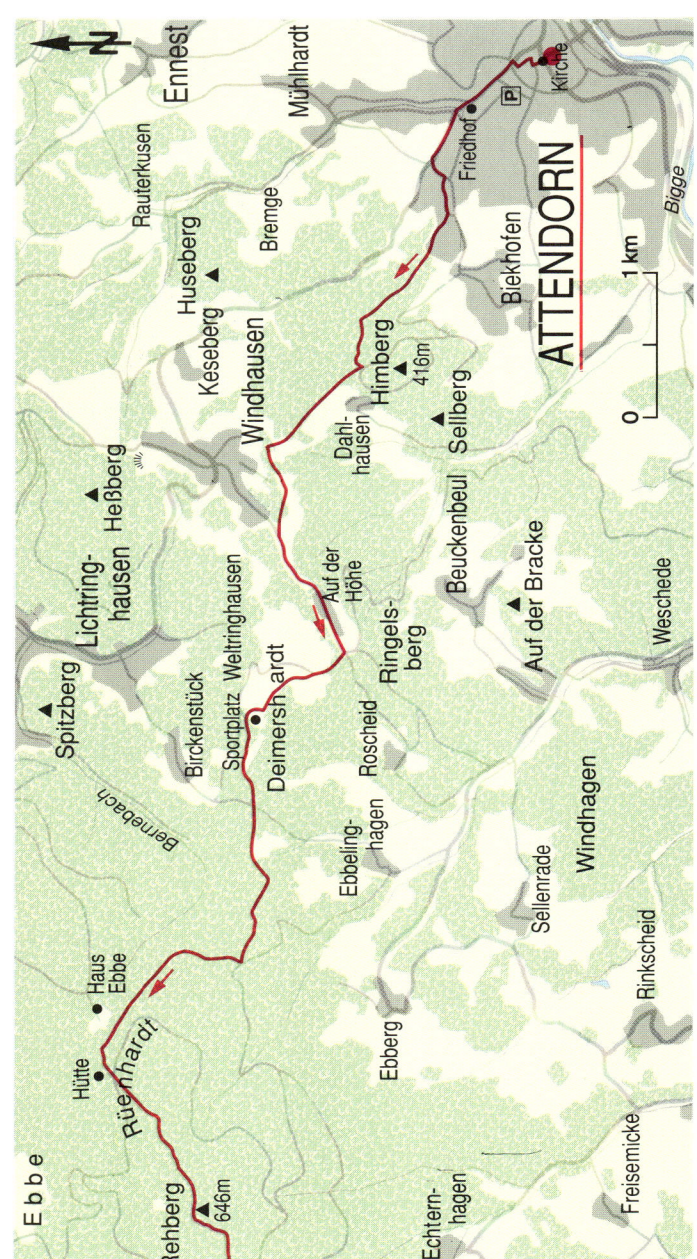

auf die *Nordhelle,* den höchsten Punkt (663 m) im Ebbegebirge bzw. im westlichen Sauerland. Der aus massiven Steinquadern erstellte *Robert-Kolb-Turm* (Aussicht siehe Tour 21) erinnert an den Mann, durch dessen Engagement das Hauptwanderwegenetz des Sauerländischen Gebirgsvereins (SGV) entstand; Kolb starb 1909 im Alter von 42 Jahren. Angebaut am Turm die *Gaststätte Nordhelle,* gegenüber ein Fernsehturm der sechziger Jahre. Von Attendorn nicht ganz 3¾ Stunden.

Auf der Straße, die nach 5 Minuten rechts abgekürzt werden kann, zum *Wanderparkplatz.* Vor der *Landstraße 707* links, mit der *Hauptwanderstrecke 12* in Südrichtung absteigen. Dabei berührt man das 6,82 Hektar große *Naturschutzgebiet Wilde Wiese.* Hier hat übrigens der Sturmhutblättrige Hahnenfuß (Ranúnculus aconitifólius) seine nördlichste Verbreitung in Europa.

Etwa 20 Minuten nach den Parkplätzen wird ein Querweg links gekreuzt. Unsere Route beschreibt einen Rechtsbogen und mündet in die *Landstraße 707.* Rechts, nach 120 Metern links, kurz danach nochmals links. An der Rechtskurve verläßt man den Fahrweg links und wird schon bald von den obersten Häusern von *Valbert* begleitet.

25 Attendorn – Windhausen – Vierkreuze – Attendorn

Verkehrsmöglichkeiten Bundesstraße 236 Lennestadt – Plettenberg, Abzweigung Finnentrop. Von den Autobahn-Anschlußstellen Olpe sowie Drolshagen jeweils 14 Kilometer. Bahnhof der Strecke Olpe – Finnentrop. Busverbindungen.
Parkmöglichkeiten Am Saum der Altstadt.
Wegmarkierungen Weiße Andreaskreuze bis Windhausen. Von dort weißer Winkel nach Vierkreuze (zusätzlich weißes P = Wanderweg Rund um Plettenberg). Abstieg weiße Raute.
Tourenlänge 12 Kilometer. **Wanderzeit** 3 Stunden.
Höhenunterschiede Insgesamt etwa 550 Meter. Von Attendorn (250 m) Steigung - kurze Unterbrechung in Windhausen – zur Kuppe (510 m) vor Vierkreuze. Abstieg nach Attendorn (250 m).

Wanderkarte   1:50000 Blatt Naturpark Ebbegebirge.
Gaststätten unterwegs   Windhausen.
Wissenswertes   Siehe Tour 24.

Tourenbeschreibung   Vom *Kirchplatz* wie bei Tour 24 zum Ortsrand von *Windhausen*. Rechts in 10 Minuten zur Ampelkreuzung. Von Attendorn knapp 1½ Stunden.

Jenseits geradeaus, vorbei an der modern gestalteten Kirche. Nach 500 Metern ist das Sträßchen für den öffentlichen Verkehr gesperrt. Geradeaus nochmals 500 Meter, ehe unter der Überlandleitung sich die Markierungen rechts wenden und dem Waldrand folgen zu einem aussichtsreichen Rastplatz, von dem u. a. Teile der Biggetalsperre zu sehen sind. Windhausen ¼ Stunde.

Noch einige Minuten am Waldrand, dann bei der Kreuzung in den Wald und über die schwach gewölbte Kuppe zur *Wegespinne Vierkreuze,* der Mündung von sechs Wegen. Von Attendorn zwei Stunden.

Gegenüber der Unterstandhütte an der gelben Metallsäule (Ruhrgas AG) mit der weißen Raute abwärts. Nach ¼ Stunde am Waldrand entlang und in 10 Minuten zu den Höfen von *Rauterkusen*. Jetzt auf einer Teerstraße, einen Bach überschreiten, dem Fahrweg folgen, erneut über einen Bach und rechts wieder auf der Straße, an der rechts das Gut Bremge liegt. Schließlich mit der *Bremger Straße* zum Friedhof. Links in 5 Minuten in das Zentrum von *Attendorn*.

(Foto: Ulrich Schnabel)

81

26 Burg Schnellenberg – Sonnenberg – Parkplatz Repetal – Burg Schnellenberg

Verkehrsmöglichkeiten Von Attendorn (siehe Tour 24) über die Bigge und (beschildert) zur Burg Schnellenberg; 3 Kilometer. Bushaltestelle (Linie Attendorn – Lennestadt) oberhalb der Burg an der Landstraße 697.

Parkmöglichkeiten Vor der Burg; von Attendorn auch markierter (Andreaskreuz) Fußweg.

Wegemarkierungen Zur Kammhöhe weißes Andreaskreuz. Anschließend weißes R (= Repetal-Rundweg). Zurück weißes Andreaskreuz.

Tourenlänge 10,5 Kilometer.   **Wanderzeit** 2¾ Stunden.

Höhenunterschiede Insgesamt etwa 250 Meter. Von der Burg Schnellenberg (300 m) empor zum Kammrücken (420 m). Auf dem Kamm unbedeutende Steigungen.

Wanderkarte   1:50000 Blatt Naturpark Ebbegebirge.

Wissenswertes   *Burg Schnellenberg,* um 1200 als erster Stützpunkt des Erzbistums Köln im Südsauerland erbaut. 1594 von dem 54jährigen Amtmann Kaspar v. Fürstenberg erworben und ausgebaut zur mächtigsten und eindrucksvollsten Festung Südwestfalens, eine der ganz wenigen erhaltenen, symmetrisch angelegten Höhenburgen des frühen 17. Jahrhunderts unter Verwendung mittelalterlicher Bausubstanzen (z.B. Torturm der Hauptburg). Grundlegende Renovierung 1791 durch Friedrich Leopold v. Fürstenberg. In der Vorburg die »Schatzkammer«, ein Museum mit Exponaten aus dem Besitz der Fürstenberger. Ansonsten Hotel.

(Foto: Klaus Puntschuh)

Tourenbeschreibung   Links der *Wege-Übersichtstafel* mit der *Hauptwanderstrecke 6* in den Wald und ¼ Stunde ansteigend zur Unterstandhütte auf dem Kamm zwischen Bigge- und Repetal.

Links (nordöstlich) mäßig bergan durch die Nordwestflanke des Sonnenberges. Etwa 10 Minuten nach der Unterstandhütte marschiert man an der Kreuzung geradeaus (links kürzester Rückweg; halblinks zu einem 300 Meter entfernten Panoramablick).

Nordostwärts zur Gabelung vor einer stattlichen zweistämmigen Eiche (Naturdenkmal). Hier links in den breiten Schotterweg und im Hang oberhalb des Dörfchens Dünschede in 20 Minuten zum *Wanderparkplatz Repetal.* Vom Ausgangspunkt 1½ Stunden.

Links auf geteertem Fahrweg in den Wald, wo der Teerweg links verlassen wird. Mäßig bergan. Knapp ¾ Stunden nach dem Wanderparkplatz geht man an der Wegedreiteilung geradeaus. Auf steinigem Weg abwärts und anschließend wieder auf dem breiten Weg. Hier und dort sieht man zwischen den Bäumen den Wasserspiegel des Ahauser Stausees, den die Bigge bildet. Ein erweiterter – aber nicht entzückender – Blickwinkel bietet sich beim Unterschreiten der Überlandleitungen. Schließlich treffen wir bei der *Burg Schnellenberg* ein.

27 Auf dem Höchsten – Sonneborn – Hülschotten – Auf dem Höchsten

Verkehrsmöglichkeiten Kreisstraße zwischen Heggen (4 km) und Plettenberg (8,5 km); von Attendorn 11 Kilometer.
Parkmöglichkeiten Wanderparkplatz auf der Kammhöhe.
Wegemarkierungen Auf dem Kamm zunächst weiße Andreaskreuze, dann weißes P (= Plettenberg-Rundweg), etwas später weiße Raute (und A 2) bis Sonneborn. Von dort weißes A über Hülschotten zum Ausgangspunkt.
Tourenlänge 10,5 Kilometer.   **Wanderzeit** 2¾ Stunden.
Gaststätte unterwegs Hülschotten (Montag geschlossen).
Höhenunterschiede Wesentlich sind der Abstieg von Sonneborn (500 m) nach Hülschotten (400 m) und der Aufstieg von dort zum Parkplatz (470 m).
Wanderkarte 1:50000 Blatt Naturpark Ebbegebirge.

Tourenbeschreibung Vom *Parkplatz* die Kreisstraße schräg rechts queren und auf einem Forstfahrweg geradeaus ansteigen 5 Minuten zur Höhe des *Hummelsberges.* Jenseits abwärts und links haltend auf geteertem Sträßchen, streckenweise sehr aussichtsreich. An der Rechtskurve des Sträßchens geht es geradeaus. Nach 5 Minuten rechts (geradeaus nach Attendorn), jetzt mit der P-Markierung und A 5. Etwa ½ Stunde später biegt man scharf rechts ab. Vom Parkplatz 1 Stunde.

Nach 10 Minuten am Waldrand entlang. Bei einem Rastplatz durch ein Waldstück, vorbei an einer technischen Anlage der

Bundesanstalt für Flugsicherung und an ersten Häusern. Vor dem großen Bauernhof *Sonneborn* rechts auf dem Sträßchen abwärts. Etwa 10 Minuten später wird die Straße in der Rechtskurve links verlassen. Hinauf zu einem Querweg, der uns ungestört vom Verkehr rechts nach *Hülschotten* zum Gasthaus Bauern-Stube bringt. Vom Parkplatz 2¼ Stunden.

Bei der kleinen *Kirche* links in den *Dornkeweg*. Kurz danach rechts zur Bushaltestelle. Das weiße A führt bergan auf einem Teersträßchen. Etwa 100 Meter nach dem letzten Haus geht es halbrechts abwärts, ein Bachtal queren und rechts talaus. Ungefähr ¼ Stunde nach Hülschotten wird das Tal erneut gequert. Auf der *Kreisstraße* 150 Meter rechts. Dann links und durch die liebliche Mulde in 10 Minuten hoch zum *Parkplatz*. Von Hülschotten ½ Stunde.

28 Bilstein – Arnscheid – Hohe Bracht – Bilstein

Verkehrsmöglichkeiten Bundesstraße 55 Olpe – Grevenbrück; 16 Kilometer von der Autobahn-Anschlußstelle Olpe. Werktags Busverbindungen (günstigste Haltestelle ist »Werth«), u. a. mit Grevenbrück und Altenhundem (nächste Bahnhöfe).

Parkmöglichkeiten Gegenüber der Gaststätte Burgkeller am Sträßchen Poorte; außerdem beim Feuerwehrhaus.

Wegemarkierungen Weiße Andreaskreuze.

Tourenlänge 11 Kilometer.

Wanderzeit 3 Stunden.

Höhenunterschiede Insgesamt etwa 650 Meter. Aufstieg von Bilstein (300 m) zur Arnscheid (580 m), anschließend ab und auf, von der Hohen Bracht (584 m) Abstieg nach Bilstein (300 m).

Wanderkarten 1 : 50 000 Blatt Naturpark Ebbegebirge oder Blatt Naturpark Rothaargebirge, Südteil.

Gaststätte unterwegs Hohe Bracht.

Wissenswertes Der Luftkurort *Bilstein* – ältester Erholungsort des Sauerlandes –, den malerische Fachwerkhäuser im engen Veischedetal zieren, hat sich im Schutze der Burg entwickelt, die der Edle Dietrich v. Förde zu Anfang des 13. Jahrhunderts als Mittelpunkt einer Herrschaft auf einen »Bilstein« (steiler Felsstock) über der Talsohle setzte. Sein Geschlecht starb 1368 aus. Bilstein kam an die Grafen Mark. Sie mußten ihren Besitz während der Soester Fehde 1445 an das Erzbistum Köln bzw. Bischof Dietrich v. Moers abtreten. Kurköln sorgte für den zweiflügeligen Palas. Später Brandschatzung durch schwedische Truppen. Neubau in der 1. Hälfte des 17 Jahrhunderts; seit 1928 Jugendherberge. Von Bilstein zu Fuß 10 Minuten. – Hohe-Bracht-Aussichtsturm, errichtet 1929/30 auf dem Rothaarkamm. Ausblicke über Ebbegebirge, Siegerland, Hochsauerland.

Tourenbeschreibung Rechts neben der *Gaststätte Burgkeller* über den *Veischedebach*. Rechts, nach 200 Metern links in den *Abt-Hardt-Weg* und 300 Meter bergan. Dann rechts (Krähenberg) und sofort bei der Rastbank rechts einschwenken. Der breite Weg wird schon nach 50 Metern links verlassen, jetzt spürbar steiler bergan und auf den freien Rücken zwischen Bremkerbach und Schnettmecke zu einem Teersträßchen. Am Ende des Sträßchens erinnert links ein Kreuz an ein neunjähriges Mädchen aus Bilstein, das 1734 von Räubern erschlagen wurde. Bei der Gabelung rechts, entlang des Waldrandes, dann

Arnsberg mit Ruhr und Haus Klosterberg   (Foto: Christina Garstecki)

in den Tannenforst. An der Wegeteilung rechts, etwas später links (rechts Markierung A 3 nach Bilstein). Die Andreaskreuze durchziehen den Nordwesthang und liefern uns nach 25 Minuten bei der uralten Linde auf der *Arnscheid* ab. Hier liegen die hauptsächlichen Steigungen hinter uns.

Von Bilstein 1¼ Stunden.

Vor dem Holzkreuz links, nun auf dem ehemaligen Kirchweg Kirchweischede – Benolpe, abwärts 5 Minuten in einen Sattel. An der Kreuzung geradeaus und durch die Nordflanke des Kreggenberges zum *Rastplatz Benolper Kreuz* mit einem vielarmigen Wegezeiger.

Gegensteigung. An der folgenden Gabelung hält man sich stets an das Andreaskreuz, überschreitet also die kahle Höhe der *Buscheid* und stößt danach auf einen Forstfahrweg, der in die Straße mündet. Links 300 Meter zum schieferverkleideten *Aussichtsturm Hohe Bracht*. Von Bilstein etwa 2¼ Stunden.

Hinter dem Turm (nordöstlich), beim Rastplatz mit Tischen und Bänken, senken sich die Andreaskreuze in den Wald. Etwas später nicht rechts die Kreisstraße 20 betreten, sondern links auf der *Hauptwanderstrecke 6* und durch die Waldhänge des Helmeckeltal in 20 Minuten zu den ersten Häusern von *Bilstein*. Von der Hohen Bracht ¾ Stunden.

29 Bilstein – Einsiedelei – Fahlenscheid – Olpe

Verkehrsmöglichkeiten Bundesstraße 55 Olpe – Grevenbrück; 16 Kilometer von der Autobahn-Anschlußstelle Olpe. Werktags Busverbindungen (Haltestelle »Werth«), u. a. mit Grevenbrück und Altenhundem (nächste Bahnhöfe).
Parkmöglichkeiten Gegenüber der Gaststätte Burgkeller am Sträßchen Poorte; außerdem beim Feuerwehrhaus.
Wegemarkierungen Weiße Andreaskreuze.
Tourenlänge 18 Kilometer.
Wanderzeit Nicht ganz 5 Stunden.
Höhenunterschiede Insgesamt etwa 700 Meter. Wesentlich von Bilstein (300 m) auf die Arnscheid (580 m), Abstieg von Fahlenscheid (584 m) nach Olpe (330 m).
Wanderkarte 1:50 000 Blatt Naturpark Ebbegebirge.
Gaststätten unterwegs Fahlenscheid, Griesemert (abseits), Lütringhausen (abseits).
Anmerkung Rückkehr von Olpe mit dem Bus (nur werktags).
Wissenswertes *Bilstein* siehe Tour 28. – *Olpe,* Kreisstadt im oberen Biggetal, erstmals 1120 erwähnt als »Olepe«. 1311 durch den Kölner Erzbischof Heinrich v. Virneburg zur Stadt erhoben, später Hanse-Mitglied, seit 1819 Kreisstadt. Von den einstigen Befestigungen sind noch drei Türme erhalten. Mutterhaus der Franziskanerinnen am Kimicker Berg. Neugotische katholische Pfarrkirche St. Martinus mit wirkungsvoller Triumphkreuz-Gruppe des 15. Jahrhunderts. Ende des Zweiten Weltkrieges wurde die gesamte Innenstadt durch britische Bomber zerstört.

Tourenbeschreibung Rechts neben der *Gaststätte Burgkeller* über den *Veischedebach* und wie bei Tour 28 beschrieben in 1¼ Stunden zur alten Linde auf der *Arnscheid.* Von Bilstein 1¼ Stunden.

Am Kreuz rechts halten und ¼ Stunde zur Kreuzung von *Punkt 551.* Links hinunter zur *Einsiedelei.* Hier lebte während

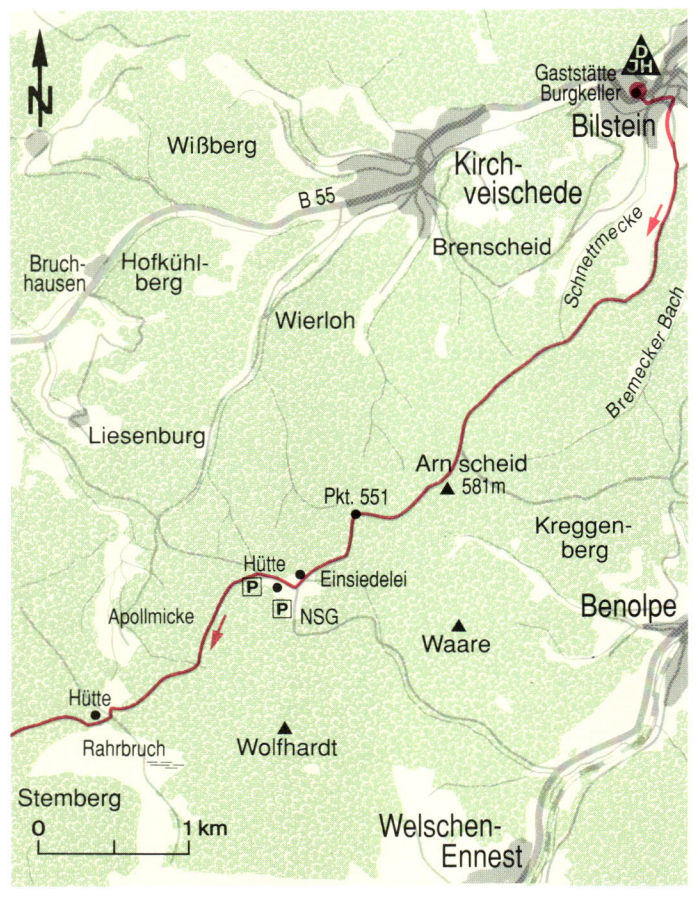

des 18. Jahrhunderts ein Karmeliter-Eremit in einer kleinen Kapelle an Stelle des heutigen Forsthauses. Lohnender, kurzer Abstecher südlich ins Naturschutzgebiet (4,1 ha). In dem aus einem Niederwald hervorgegangenen Birkenbruchwald blüht zwischen Mai und September das seltene Kleine Zweiblatt (Listéra cordáta), auch Herzblättriges Zweiblatt genannt.

Auf der Straße kurz rechts (Unterstandhütte), bis sich die *Hauptwanderstrecke 8* links wendet. Der Forstfahrweg senkt sich zur nächsten *Schutzhütte*. Die Hochspannungsleitung unterschreiten, an der Gabelung rechts und ansteigend zur *Kuppe 591*. Etwa 200 Meter danach erneut rechts, den Ankerlift kreu-

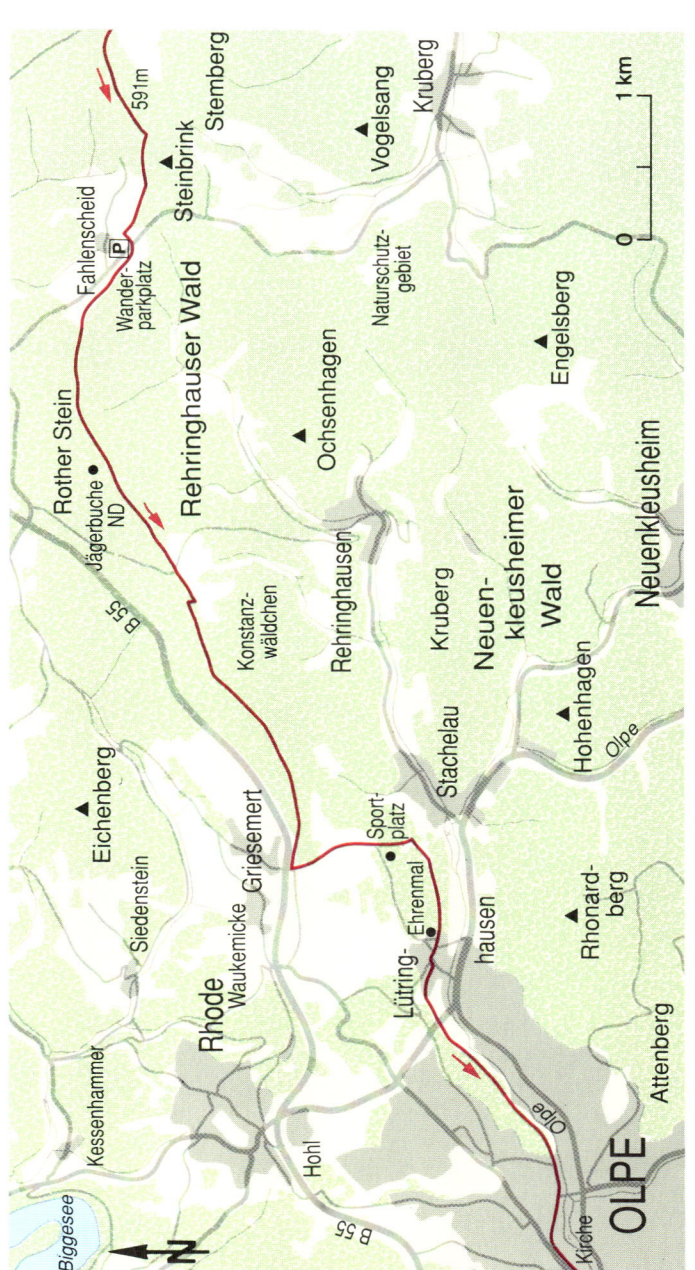

zen und auf aussichtsreichem Weg zum Gasthof der Höhensiedlung *Fahlenscheid*. Von Bilstein 2½ Stunden.

Beim *Wanderparkplatz* (Gedenktafel an die historische Fahlenscheider Höhenstraße) kreuzt man die Straße. Der hölzerne Wegezeiger weist in Richtung Olpe. Mit den Andreaskreuzen am Zaun entlang in den Wald und zur Kuppe des *Rothen Stein*. Rechts, etwas abseits, steht die alte Jägerbuche.

Anschließend geht es nur mehr abwärts. Vorerst auf grasbewachsenem Weg, etwa 10 Minuten später ein Fahrsträßchen queren, kurz am Waldsaum, dann rechts zu einem breiten Querweg, dem wir links folgen, schließlich am *Verkehrsübungsplatz* vorbei und auf dem *Daimlerweg* zu den Häusern von *Griesemert,* das man unweit der Bundesstraße 55 erreicht.

Links 10 Minuten zum *Sportplatz*. Geradeaus mit dem Waldweg abwärts, nach 150 Metern rechts und im Hangwald zum Gefallenen-Ehrenmal von *Lütringhausen*. Im Ort an der Kreuzung einige Schritte links, dann rechts und auf dem 0lper Weg oberhalb des Flüßchens Olpe in die Stadt.

(Foto: Ulrich Schnabel)

30 Steinernes Kreuz – Hölzernes Kreuz – Potsdamer Platz – Steinernes Kreuz

Verkehrsmöglichkeiten Kreisstraße 27 Würdinghausen – Saalhausen.

Parkmöglichkeiten Wanderparkplatz Steinernes Kreuz an der Scheitelhöhe der Kreisstraße 27, halbwegs (2,5 km) zwischen Würdinghausen und Saalhausen.

Wegemarkierungen Weiße Andreaskreuze bis Potsdamer Platz. Rückweg A 7 und weißes L (= Rundweg Lennestadt).

Tourenlänge 9 Kilometer.

Wanderzeit 2¼ Stunden.

Höhenunterschiede Insgesamt etwa 300 Meter. Hauptsächlich: Parkplatz (495 m) – Hölzernes Kreuz (560 m), zwischen Steineberg (500 m) und Ilberg (570 m). Abstieg vom Potsdamer Platz (595 m) in den Steineberg-Nordhang (500 m).

Wanderkarte 1:50000 Blatt Naturpark Rothaargebirge, Südteil.

Wissenswertes Das »*Steinerne Kreuz*« (Bildstock) wurde 1713 von einem Adeligen dem hl. Nikolaus in Dankbarkeit zur Rettung aus dem Hochwasser der Lenne gewidmet. Links davon

steht ein Kreuz für den Jagdaufseher Albert Starke, der hier am 1. Oktober 1941 von zwei Männern ermordet wurde. Außerdem ein 1688 gesetzter Jagdgrenzstein. Über die Höhe zwischen Lenne und Hundem verlief einst der »Hohweg« (Frankfurt/Oder – Niederlande), eine Handelsroute bzw. der »Kriegerweg« Siegen – Paderborn.

Der *Potsdamer Platz* trägt seinen Namen infolge der sechs Wege, die sich dort treffen – ebenso viele, wie Straßen am Berliner Potsdamer Platz.

Tourenbeschreibung Vom *Parkplatz* nordwärts, und schon bieten sich schöne Blicke über das Lennetal. Rechts haltend zum nahen »*Steinernen Kreuz*«. An der *Unterstandhütte* links vorbei in den Wald. Bergan, an der Gabelung rechts den Andreaskreuzen folgen auf breitem Weg. Er steigt schwach an und beschreibt nach 5 Minuten eine Linkskurve. Durch den Südhang des Ilberges zum *Hölzernen Kreuz;* vom Parkplatz ¾ Stunden.

Die Ostrichtung beibehalten, an der Wegeteilung rechts, leicht bergan zur stumpfen Kuppe des *Steinberges* und rechts hinunter zum Wegestern Auf'm Köppelchen bzw. *Potsdamer Platz*. Vom Parkplatz 1¼ Stunden.

Auf dem Herweg etwa 50 Meter zurück, dann rechts, an der Gabelung links halten in den steilen Steinberg-Nordhang. Es folgt ein Aussichtsplatz über Saalhausen und das Lennetal zum Hohen Lehnberg (Wallburg). Das weiße L leitet zuverlässig in westliche Richtung und liefert uns schließlich wieder beim »*Steinernen Kreuz*« ab.

31 Oberhundem – Panorama-Park – Rhein-Weser-Turm – Oberhundem

Verkehrsmöglichkeiten Oberhundem liegt an der Landstraße 553 zwischen Altenhundem (nächster größerer Bahnhof, B 236) und Erndtebrück (B 62). Busverbindungen; Haltestelle »Josef-Schmelzer-Straße«.

Parkmöglichkeiten Im Zentrum bei der Wege-Übersichtstafel vor dem Stickerei-Museum bzw. neben der Volksbank; außerdem vor der Adolfsburg am westlichen Ortsrand.

Wegemarkierungen Ab westlichem Ortsrand A 5 bis oberhalb Rinsecke. Dann weiße Raute zum Rhein-Weser-Turm, weißes Andreaskreuz zur Böhmenkamp Hütte. Abstieg weißer Querbalken.

Tourenlänge 12 Kilometer.

Wanderzeit 3¼ Stunden.

Höhenunterschiede Insgesamt etwa 600 Meter. Von Oberhundem (400 m) Aufstieg – mit kürzeren Unterbrechungen – zum Rhein-Weser-Turm (680 m). Abstieg von der Böhmkamp-Hütte (660 m) nach Oberhundem (400 m).

Wanderkarte 1:50000 Blatt Naturpark Rothaargebirge, Südteil.

Gaststätten unterwegs Panorama-Park, Rhein-Weser-Turm.

Wissenswertes Der Luftkurort *Oberhundem* erstreckt sich im Talkessel der oberen Hundem, dessen Rodung Mitte des 10. Jahrhunderts einsetzte. Hübsche Fachwerkhäuser; Landes- und Bundessieger im Wettbewerb »Unser Dorf soll schöner werden«. Katholische Pfarrkirche, schlichter, noch in der Gotik verhafteter Saalbau von 1771, romanischer Westturm; beachtenswerte barocke Steinmetzarbeit des hl. Rochus, Pietá aus dem späten 15. Jahrhundert. Stickerei-Museum (Montag und Feiertag geschlossen) im ehemaligen Pfarrhof. – *Panorama-Park Sauerland* mit Wasser-Bobbahn, Trans-Mobil-Einschienenbahn, Rutschbahnen etc. Hinter dem Freizeitpark ein Wildgehege. – *Rhein-Weser-Turm* auf dem kahlen Westenberg. Von der Plattform (113 Stufen) einzigartige Rundumschau, u. a. auf Kuhhelle, Hohe Bracht, Hoher Sessel sowie nordwestwärts über Oberhundem zum Höhenzug des Steinernen Kreuzes (siehe Tour 30). Über die Wasserscheide von Rhein und Weser verlief einst die Stammesgrenze zwischen Franken und Sachsen und dadurch auch die Sprach- und Volkstumsgrenze zwischen dem Niederdeutschen (westfälisch) und dem Mitteldeutschen (hessisch), außerdem Konfessionsgrenze zwischen dem katholischen Sauerland und dem reformierten Wittgenstein (Siegerland). – *Wasserschloß Adolfsburg*, errichtet ab 1676 unter Johann Adolf v. Fürstenberg (Domprobst zu Paderborn und Hildesheim, Geheimer Rat zu Münster) nach Plänen des Kapuzinerpaters Ambrosius von Oelde, ein Hauptwerk des westfälischen Frühbarocks. 1990 wurde die Anlage zu Eigentumswohnungen umfunktioniert. – Vor der Adolfsburg beginnt der Waldlehrpfad Oberhundem (4,5 km, 1¼ Std.)

Tourenbeschreibung Westlich aus dem Ort. Rechts folgt der Parkplatz Adolfsburg. Danach über den *Hundembach* und anschließend links in einen Feldweg (nach der Tafel Forstbaumschule). Südwestwärts ansteigen zum Waldrücken des Buchhagen. Am Kreuz links vorbei und hinunter zu den Häusern von *Rinsecke.*

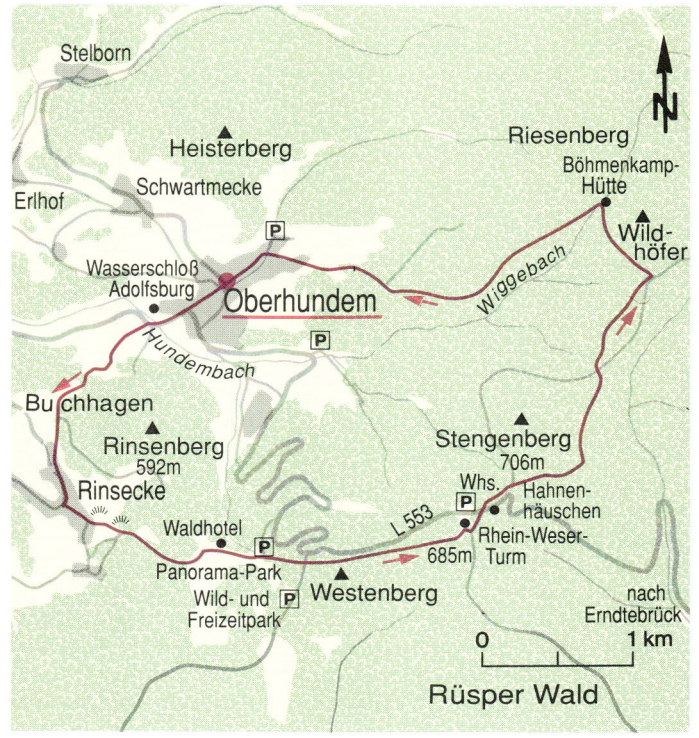

Links etwa 250 Meter. In der Rechtskurve geht es links. Wenig später stößt man auf die Markierung weiße Raute. Halblinks weiter bergan zum *Waldhotel Hirschgehege* am *Panoramapark Sauerland*. Von Oberhundem 1 Stunde.

Auf der Straße etwa 300 Meter ostwärts. Beim Parkplatz rechts und über den Hang hoch zu einem Fahrweg, den man quert. Nun den Hochspannungsmasten folgend durch die Waldschneise 20 Minuten zum holzverkleideten, achtstöckigen *Rhein-Weser-Turm* (Zugang durch die Gaststätte). Von Oberhundem 1½ Stunden.

Vorbei an der *Gaststätte* zum Parkplatz an der *Landstraße 553*. Rechts, bei der Rechtskurve geradeaus zu einer *Wegespinne*. Nicht links auf dem geteerten Postweg, sondern halbrechts die Andreaskreuze der *Hauptwanderstrecke 10* nehmen. Sie umgeht die Kuppe des Stengenberges und mündet in den *Postweg*. Einige Schritte rechts, dann kurz links und wieder rechts. Etwa

20 Minuten später setzen sich die Andreaskreuze geradeaus fort, wir jedoch gehen halblinks im Südwesthang des Wildhöfer zur kleinen *Böhmenkamp-Hütte.* Von Oberhundem 2½ Stunden.

Links entsprechend der weißen Balken-Markierung oberhalb der Wiggequelle auf dem Forstfahrweg absteigen in etwa 25 Minuten zum *Weißen Kreuz,* wo uns ein Teerweg übernimmt. Rechts halten, den Wald verlassen, eine Pension passieren und hinunter nach *Oberhundem.*

32 Heinsberg – Oberndorfer Höhe – Riemen – Dreiherrnstein – Heinsberg

Verkehrsmöglichkeiten Die Landstraße 553 zwischen Kirchhundem und Oberhundem in Würdinghausen südwärts verlassen, oder von Hilchenbach (nächster Bahnhof) auf der Landstraße 713 über die Oberndorfer Höhe. Busverbindungen.

Parkmöglichkeiten Wanderparkplatz Neudorf (Wege-Übersichtstafel) bei der Bushaltestelle »Heinsberg-Bahnhof« am südlichen Ortsrand.

Wegemarkierungen Bis Lümker Kreuz weiße Raute, anschließend A 2 zum Grüner Platz.

Tourenlänge 14,5 Kilometer.

Wanderzeit 3¾ Stunden.

Höhenunterschiede Insgesamt etwa 550 Meter. Hauptsächlich von Heinsberg (440 m) zum Lümke (600 m) und zu den Drei Buchen (629 m). Abstieg vom Riemen (678 m) nach Heinsberg (440 m).

Wanderkarte 1:50 000 Blatt Naturpark Rothaargebirge, Süd.

Wissenswertes *Heinsberg* ist das größte Forstpflanzenschutzgebiet Deutschlands und liegt im Rothaargebirge (Volksmund »Rauhe Hardt«). Pfarrkirche St. Katharina, heutiger Bau 1774 geweiht, barock (»Bauernbarock«) ausgestattet. – *Dreiherrnstein,* einst Treffpunkt der Grenzen des kurkölnischen (katholischen) Herzogtums Westfalen, des Fürstentums Nassau-Siegen und der (reformierten) Grafschaft Wittgenstein-Berleburg; heute stoßen am Grenzstein die Kreise Olpe, Siegen, Wittgenstein zusammen.

Tourenbeschreibung Links des *Parkplatzes* auf dem *Lümker Weg* ansteigen 10 Minuten zur *Unterstandhütte* beim *Lümker Kreuz.* Gerade weiter nochmals 10 Minuten, worauf das Teersträßchen links verlassen, aber schon 10 Minuten später wieder

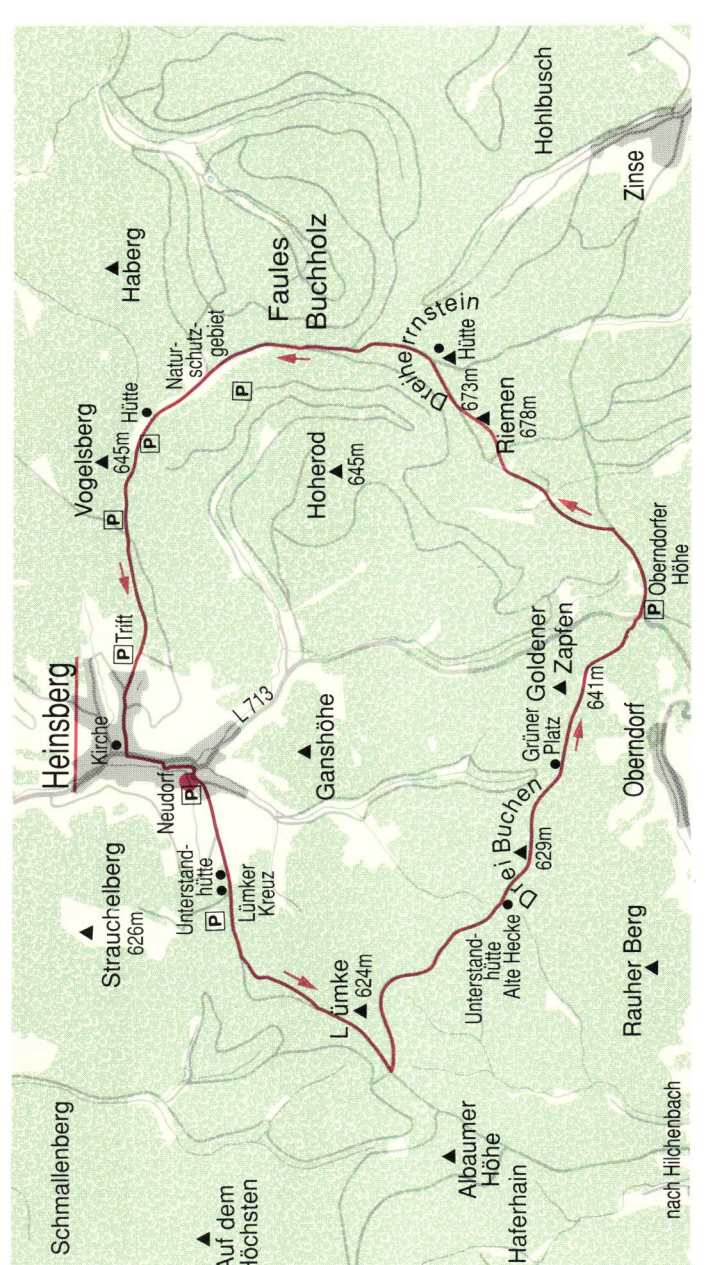

Hohlbusch

Zinse

Faules Buchholz

Haberg

Naturschutzgebiet

Dreiherrnstein

673m Hütte

Riemen 678m

Vogelsberg

645m Hütte

Hoherod 645m

Oberndorfer Höhe

Trift

Heinsberg

Kirche

L 713

Ganshöhe

Goldener Zapfen

Grüner Platz

641m

Neudorf

Unterstandhütte

Lümker Kreuz

Bei Buchen

Oberndorf

Strauchelberg 626m

Lümke 624m

Unterstandhütte

Alte Hecke

629m

Rauher Berg

Schmallenberg

Albaumer Höhe

Haferhain

Auf dem Höchsten

nach Hilchenbach

betreten wird. Im Nordwesthang des Lümke zur Kammhöhe. Jenseits kurz abwärts, dann links (grün-weiße Forstschranke). Von Heinsberg ¾ Stunden.

Durch die Südflanke des Lümke und in etwa 25 Minuten zur Unterstandhütte *Alte Hecke:* Einst »Landhecke« bzw. »Kölsche Hecke« aus Weißdorngestrüpp und Hainbuchen, welche die Grenze zwischen dem Herzogtum Westfalen und dem Fürstentum Nassau-Siegen bildete.

Geradeaus den Markierungen folgend, gelangt man über die Waldkuppe *Drei Buchen* zum *Grüner Platz,* wo die Heinsberger früher Vorspanndienste am historischen Übergang leisteten. In der Folge traversieren wir den Südhang des Goldenen Zapfen zur *Landstraße 713.* Rechts zur *Oberndorfer Höhe* (siehe Tour 33), genau gesagt vor dem Wanderparkplatz links weiter. Von Heinsberg 2 Stunden.

Die Zeichen A 3 und A 8 münden wenig später in die *Hauptwanderstrecke 10.* Links, kurz danach halblinks, mustergültig markiert 20 Minuten auf den *Riemen* (678 m): höchster Berg des Siegerlandes. Gute 5 Minuten später erwartet uns der *Dreiherrnstein.* Von Heinsberg 2½ Stunden.

Am Stein links vorbei, jetzt in nördliche Richtung, abwärts zu einem Forstfahrweg, der uns nach ¼ Stunde das *Naturschutzgebiet Am Haberg* mit Heidekrautflächen sowie Wacholder- und

(Foto: Ulrich Schnabel)

Birkenbeständen präsentiert. Ehemals wachten hier Zöllner in einer Hütte an Handelsrouten aus dem Lenne-Ruhrgebiet, dem Sieger- und Ederland. An derartigen Stellen hatte die »Landhecke« einen Durchgang.

Vorbei an einem zweiten *Rastplatz* (Unterstandhütte) folgen wir dem Teersträßchen schwach links haltend noch ¼ Stunde, dann wird es halbrechts mit Wegezeichen (u. a. A 1, A 2) verlassen. Auf diese Weise kommen wir direkt zur *Kirche,* von der es nur mehr 10 Minuten zum Ausgangspunkt sind.

33 Oberndorfer Höhe – Dreiherrnstein – Riemen – Oberndorfer Höhe

Verkehrsmöglichkeiten Anfahrt auf der Landstraße 713 entweder von Hilchenbach (5 km) oder von Heinsberg (4 km).
Parkmöglichkeiten Wanderparkplatz Oberndorfer Höhe (Wege-Übersichtstafel).
Wegemarkierungen A 7 bis Dreiherrnstein. Rückweg weißes Andreaskreuz.
Tourenlänge 6,5 Kilometer.
Wanderzeit 1¾ Stunden.
Höhenunterschiede Insgesamt etwa 300 Meter. Von der Oberndorfer Höhe (600 m) ins Naturschutzgebiet (570 m). Aufstieg zum Riemen (678 m). Abstieg zur Oberndorfer Höhe (600 m).

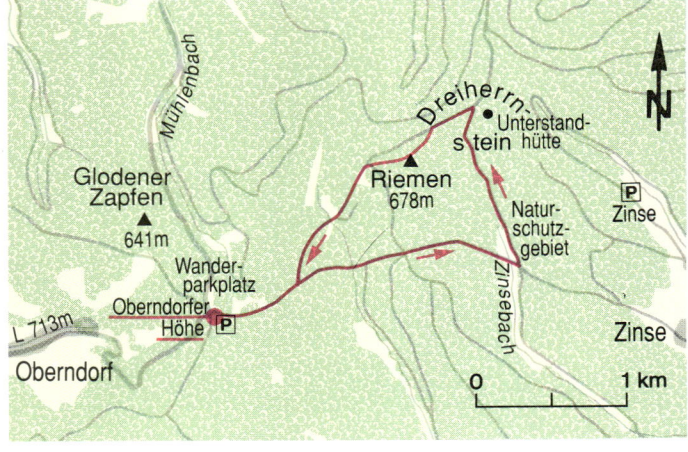

Wanderkarte 1:50000 Blatt Naturpark Rothaargebirge, Süd.

Wissenswertes Über den Kamm Oberndorfer Höhe – Riemen verlief die Grenze zwischen dem Herzogtum Westfalen und dem Fürstentum Nassau-Siegen in Form der sogenannten »Landhekke« aus Weißdorngestrüpp und Hainbuchen. Sprachgrenze zwischen Sächsisch-Niederdeutschem (Norden) und Fränkisch-Mitteldeutschem (Süden), seit dem 8. Jahrhundert Grenze zwischen Sachsen und Franken, seit der Reformation Trennlinie des katholischen Sauerlandes vom evangelischen Siegerland bzw. Wittgensteiner Land. Am Dreiherrnstein kam noch die Wittgensteiner Grenze hinzu. Heute treffen sich dort die Kreise Olpe, Siegen, Wittgenstein.

Tourenbeschreibung Zwischen dem *Parkplatz* und dem einzeln stehenden Häuschen geht es östlich der Landstraße in den Wald. Die Zeichen A 3, A 8 münden wenig später in die *Hauptwanderstrecke 10,* die aber schon kurz danach geradeaus verlassen wird. Nun gilt die *Markierung A 7.* Abwärts in die Mulde des *Elberndorfer Baches.* Gegensteigung, geradeaus über die erste und auch über die zweite Kreuzung. Am Südrücken des Riemen macht der Forstfahrweg einen schwachen Rechtsknick und senkt sich ins Tal des *Zinsebaches.* Vom Parkplatz ¾ Stunden.

Jenseits des Baches links und am schmalen *Naturschutzgebiet* entlang zum Ende des breiten Weges. Weiter bergwärts, an der Gabelung rechts zum nahen *Dreiherrnstein* (Unterstandshütte). Vom Zinsebach 20 Minuten.

Wir sind wieder auf der *Hauptwanderstrecke 10:* Links auf meist feuchtem Weg in knapp 10 Minuten hoch zum Riemen (678 m), dem höchsten »Gipfel« des Siegerlandes.

Absteigen in südwestliche Richtung erreichen wir nach 20 Minuten den bekannten Herweg.

34 Hilchenbach – Albaumer Höhe – Vorspanneiche – Hilchenbach

Verkehrsmöglichkeiten Das verkehrsgequälte (B 508) Städtchen Hilchenbach schmiegt sich an die südwestlichen Ausläufer des Rothaargebirges, nordöstlich von Siegen; 19 km ab Autobahn-Anschlußstelle Freudenberg. Bahnhof. Busverbindungen.

Parkmöglichkeiten Parkplatz 4 (ⓟ 4) Brachthausener Straße.

Wegemarkierungen Ab Hilchenbach weiße Raute bis Vorspanneiche. Anschließend A 2, zuletzt weißes Andreaskreuz.

Tourenlänge 11,5 Kilometer. **Wanderzeit** 3 Stunden.
Höhenunterschiede Insgesamt etwa 500 Meter. Von Hilchen-
bach (350 m) Aufstieg zur Albaumer Höhe (560 m) und zum
Wimberg (590 m). Von dort über Vorspanneiche (540 m) nach
Hilchenbach (350 m).
Wanderkarte 1:50000 Blatt Naturpark Rothaargebirge, Süd.

Tourenbeschreibung Vom *Parkplatz P 4* zu der 50 Meter entfernten Ampel. Links in den *Heinsbacher Weg*. Kurz danach
links auf dem *Wilhelm-Münker-Weg* (der Hilchenbacher Fabri-
kant war Mitbegründer des Deutschen Jugendherbergswerkes)
ansteigen. Die *Jugendherberge* und das *Hotel Sonnenhang* bleiben zurück. Vom *Wanderparkplatz Sonnenhang* noch ¼ Stunde
auf dem Teersträßchen. Dann wird es halblinks verlassen (zusätzlich weißer Querbalken), auf grasigem Waldweg. Ein Forststräßchen kreuzen und durch den steilen Südwesthang der *Albaumer Höhe* zum Kammrücken. Von Hilchenbach 50 Minuten.

102

Die Hauptsteigung ist bewältigt! Links abwärts zur Kreuzung am Schartenberg. Geradeaus mit mäßiger Steigung noch etwa ¼ Stunde. Dann nicht geradeaus (A 4), sondern kurz rechts, und links durch den Wimberg-Nordhang hinunter zur Landstraße 728 und zum *Wanderparkplatz Vorspanneiche.* Ihr Name erinnert an die Vorspanndienste der Hilchenbacher, als die Höhe mit Fuhrwerken überwunden werden mußte. Von Hilchenbach knapp 1¾ Stunden.

Südwärts auf der Straße 250 Meter, dann links (Markierung weißer Balken) in den Wald und wenige Minuten steil bergan zu einem Querweg. Rechts abwärts zum *Wanderparkplatz Oberförster-Sorg-Weg.* Die Straße schräg überqueren. Weiter mit den Zeichen A 2. Nach 20 Minuten stößt man auf die querverlaufende *Hauptwanderstrecke 5.* Links zur *Autostraße.* Jenseits mit den Andreaskreuzen vollends hinunter nach *Hilchenbach,* wobei man zum Schluß hin Blicke über das Tal und seine Waldeshöhen genießt.

35 Ferndorf – Kindelsberg – Ferndorf

Verkehrsmöglichkeiten Ferndorf erstreckt sich beiderseits der (vor allem durch Lkw) stark frequentierten Bundesstraße 508 zwischen Hilchenbach und Kreuztal (nächster Bahnhof). Busverbindungen.

Parkmöglichkeiten Wanderparkplatz Kreuztal-Irlenhecken. Zufahrt: In Ferndorf am östlichen Ortsrand auf der Straße in Richtung Freibad (beschildert) und dort links zum Parkplatz. Hierher auch von der Kirche durch die Kindelsberger Straße; zu Fuß ½ Stunde.

Wegemarkierungen Weißer Winkel.

Tourenlänge 7 Kilometer.

Wanderzeit 2 Stunden.

Höhenunterschiede Insgesamt 500 Meter. Vom Parkplatz (370 m) auf den Kindelsberg (618 m) und zurück.

Wanderkarte 1:50000 Blatt Naturpark Rothaargebirge, Süd.

Gaststätte unterwegs Kindelsberg (Montag geschlossen).

Wissenswertes *Ferndorf,* ein Stadtteil von Kreuztal, ist der älteste urkundlich erwähnte (1067) Ort im Siegerland. Eisenindustrie. Am Quellgebiet des Zitzenbach wurde schon in der Bronzezeit – vor rund 4000 Jahren – nach Kupfer, Silber und Bleierzen geschürft; Schmelzhöfen konnten nachgewiesen werden.

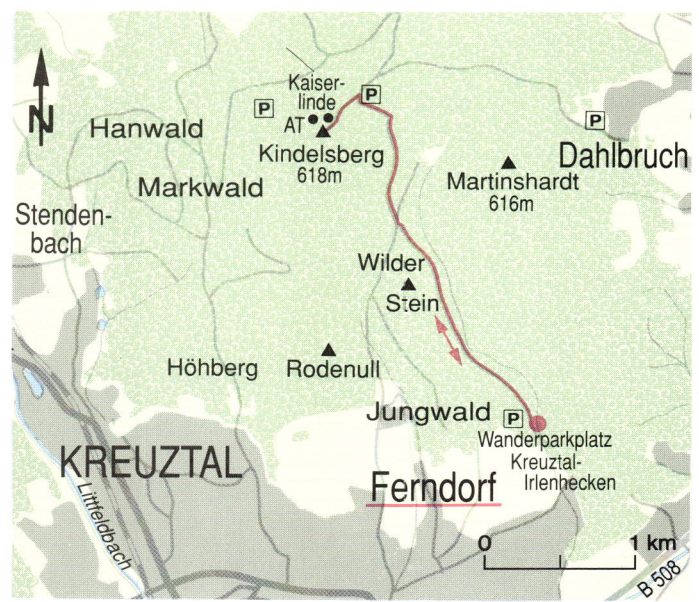

Heimatmuseum. Hotel-Restaurant Finke (Marburger Straße 168), 200 Jahre altes Fachwerkhaus; gutbürgerliche Küche, Biergarten. – *Kindelsberg,* höchste Erhebung im nördlichen Siegerland und zugleich populärster Berg des gesamten Siegerlandes. Der Aussichtsturm entstand zwischen 1906 und 1907 durch den Sauerländischen Gebirgsverein bzw. eine Spendenaktion.

Tourenbeschreibung Vom *Wanderparkplatz* bergwärts im Osthang der Kuppe des Jungwaldes. Nach ¼ Stunde den *Lehrpfad* schräg links kreuzen. Anschließend durch die Ostflanke der Waldkuppe Wilder Stein. Wenig später einen Forstfahrweg und kurz danach den *Waldlehrpfad* queren. Nun merklich steiler, vorbei an einer Quelle und links haltend zur Straße, die auf dem *Kindelsberg* endet, wo die Gaststätte zu gemütlicher Rast einlädt. Von Ferndorf 1¼ Stunden.

36 Obernautalsperre

Verkehrsmöglichkeiten Abzweigung der Zufahrtsstraße beschildert in Netphen (B 62) bei der Kirche. Etwa 2 Kilometer talein, vor Bauersdorf rechts und 1 Kilometer.
Parkmöglichkeiten Wanderparkplatz Obernautalsperre.
Tourenlänge 9,5 Kilometer.
Wanderzeit 2 ½ Stunden.
Höhenunterschiede Insgesamt etwa 100 Meter.
Wanderkarte 1:50000 Blatt Naturpark Rothaargebirge, Süd.
Wissenswertes Obernautalsperre, 1970 fertiggestellt, 1973 eingestaut.

Tourenbeschreibung Vom *Parkplatz* die rot-weiße Schranke passieren und mit dem Teersträßchen abwärts. Links auf der Krone der 45 Meter hohen Sperrmauer – rechts der Entnahmeturm – und am jenseitigen Ende vor dem Haus links bzw. die Rechtskurve ausgehen und nun am Ufer der *Obernautalsperre*. Spätestens ab hier kann die Route nicht mehr verfehlt werden.

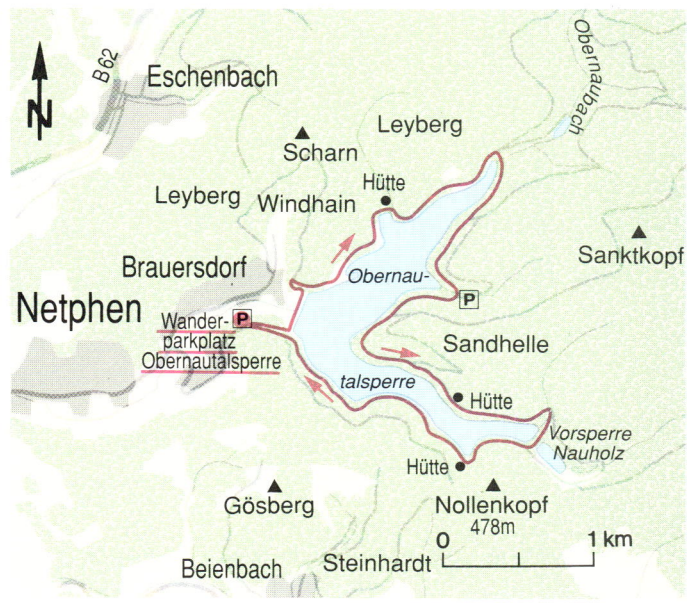

Obernautalsperre   (Foto: Helmut Dumler)

In größeren Abständen bieten kleine Holzhütten willkommenen Schutz vor Regen oder Sonne. Am nordöstlichsten Seezipfel wird der *Obernaubach* rechts überschritten. Etwa 1 Stunde später geht es rechts über den Damm der *Vorsperre Nauholz* und zu Füßen des Nollenkopfes rechts weiter, zurück zum Ausgangspunkt.

37 Lahnquelle – Jagdberg – Heiligenborn – Lahnquelle

Verkehrsmöglichkeiten Auffahrt von Deuz oder Freudenberg oder Lützel zur Höhe des südlichen Rothaargebirges bei der Siegquelle. Vom dortigen Parkplatz auf der Eisenstraße (3 km) südwärts; Hinweistafeln. Zufahrt auch von Hainchen.
Parkmöglichkeiten Wanderparkplatz Lahnhof.
Wegemarkierungen Weißes Andreaskreuz zum Jagdberg. Vom Friedhof Heiligenborn weißer Winkel, dann wieder Andreaskreuze.
Tourenlänge 9 Kilometer.
Wanderzeit Nicht ganz 2½ Stunden.
Höhenunterschiede Vom Parkplatz (600 m) Aufstieg zum Jagdberg (674 m), Abstieg nach Heiligenborn (610 m), Aufstieg – mit kurzen Unterbrechungen – zum Parkplatz (600 m).

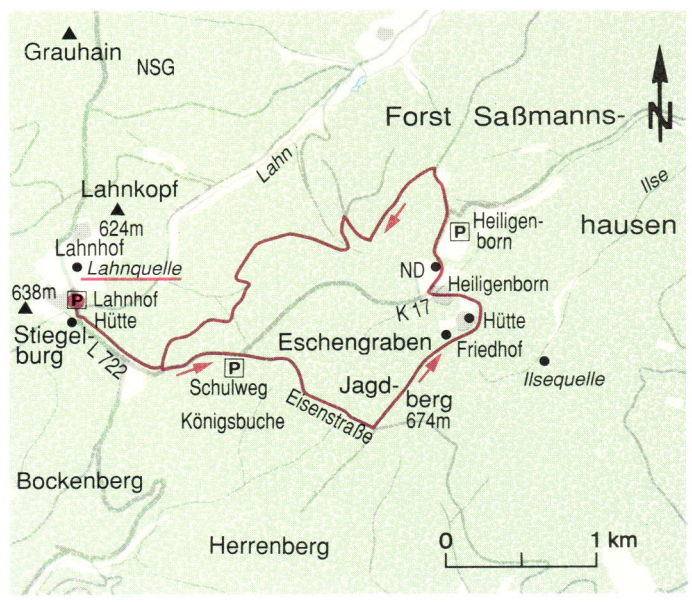

Wanderkarte 1:50000 Blatt Naturpark Rothhargebirge, Süd.
Gaststätte unterwegs Heiligenborn.
Wissenswertes Die Lahn entspringt neben dem Restaurant-Forsthaus Lahnhof (400 m vom Parkplatz), bildet einen kleinen Weiher, fließt als Rinnsal ab und mündet nach 245 Kilometern in *Lahnstein* in den Rhein. – Eisenstraße siehe Tour 38.

Tourenbeschreibung Gegenüber der *Parkplatz-Einfahrt* führt der *Wanderschutzpfad* parallel zur Landstraße 722 etwa 10 Minuten. Dann auf der Straße 5 Minuten zum *Wanderparkplatz Schulweg.*

Halbrechts, weiter auf der historischen *Eisenstraße* und in knapp 20 Minuten zu einer *Kreuzung* der Waldfahrwege. Nun die Straße halbrechts verlassen. An der Kreuzung links. Wir überschreiten die kaum ausgeprägte Kuppe des *Jagdberges.* Etwa ¼ Stunde nach der Kreuzung träumt links der *Friedhof* von Heiligenborn, sicherlich einer der stillsten Deutschlands. Nun auf einem Teersträßchen abwärts zur *Kreisstraße 17.* Rechts folgt das *Gasthaus zur Ilsequelle* im »Freistaat Heiligenborn«. Vom Parkplatz 1¼ Stunden.

Auf der Straße noch 500 Meter. An der Rechtskurve geht es links auf geschotterten Forstfahrweg. Bei einer kleinen Lichtung wendet sich die *Hauptwanderstrecke 2* scharf links. Seit Heiligenborn-Friedhof sind wir übrigens auf einem Teilstück des *Europäischen Fernwanderweges 1*. Er biegt etwa 10 Minuten später rechts ab, senkt sich kurz zu einer Kreuzung. Spitzwinkelig links, eine Bachmulde ausgehen und ansteigend auf einen Forstweg, der uns wieder zum bekannten Herweg bringt.

Lahnquelle (Foto: Helmut Dumler)

38 Parkplatz Ederquelle – Ederquelle – Krämers Wiese – Parkplatz Ederquelle

Verkehrsmöglichkeiten Von Lützel (B 62) auf der Landstraße 722 etwa 4,5 Kilometer.
Parkmöglichkeiten Wanderparkplatz Ederquelle an der Ostseite der Landstraße 722.
Wegemarkierungen A 4.
Tourenlänge 5,5 Kilometer.
Wanderzeit 1½ Stunden.
Höhenunterschiede Insgesamt 150 Meter. Abstieg vom Parkplatz (655 m) ins Edertal (588 m). Aufstieg zum Parkplatz.
Wanderkarte 1:50000 Blatt Naturpark Rothaargebirge, Süd.

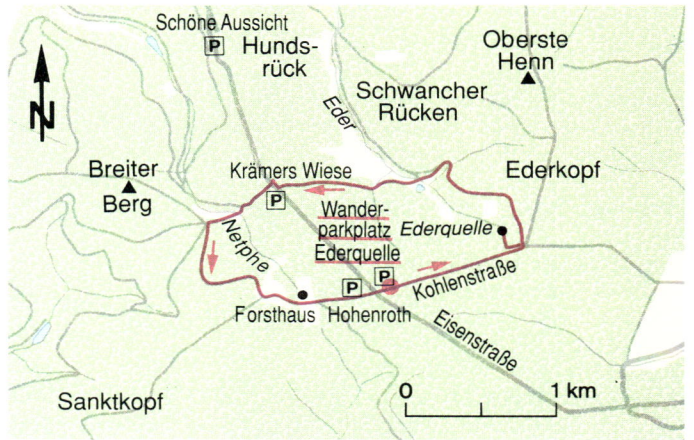

Wissenswertes Die Landstraße 722 ist identisch mit der historischen Eisenstraße, auf der die Eisentransporte über die Eder-hochfläche zogen. – Die Kohlenstraße diente bereits in vorchristlicher Zeit dem Transport der Holzkohle von Erndtebrück ins Siegerland. – *Ederquelle.* Die Eder mündet nach 177 Kilometern bei Kassel in die Fulda.

Tourenbeschreibung Vom *Parkplatz* ostwärts auf der *Kohlenstraße* (Forstfahrweg) bzw. der *Hauptwanderstrecke 3* in den Wald. Gute 10 Minuten später zeigt eine Tafel links zur *Ederquelle.*

Wieder auf dem Forststräßchen, geht es zum nahen *Wegestern* (Rastplatz) im Südhang des Ederkopfes. Links durch lichten Wald in mäßigem Gefälle ungefähr ¼ Stunde. Dann links, die junge *Eder* überschreiten und leichter Gegenanstieg zum *Wanderparkplatz Krämers Wiese* (Wege-Übersichtstafel) jenseits der Landstraße 722. Vom Ausgangspunkt 50 Minuten.

Schwach links haltend in ein paar Minuten zum Waldfahrweg der *Hauptwanderstrecke 3.* Links über die *Netphen.* Wenig später wenden sich die Andreaskreuze links, aufwärts zum *Forsthaus* auf einer Lichtung, und führen über den *Wanderparkplatz Hohenroth* zum Ausgangspunkt.

39   Erndtebrück – Ederquelle – Benfetal – Weibelskopf – Erndtebrück

Verkehrsmöglichkeiten   Erndtebrück breitet sich im Wittgensteiner Land zu Füßen des Rothaargebirges in einer verkehrsreichen Mulde des Edertales aus, an der Bundesstraße 62. Bahnhof. Busverbindungen. Günstigste Bushaltestelle: »Hackler«.

Parkmöglichkeiten   Im Ort (beschildert) bzw. auf dem Kirchplatz.

Wegemarkierungen   Weiße Raute bis vor die Ederquelle. Weiße Andreaskreuze (und weiße Raute) zur Kreuzung oberhalb des Benfetales. Von dort weißer Winkel.

Tourenlänge   20 Kilometer.

Wanderzeit   5½ bis 6 Stunden.

Höhenunterschiede   Insgesamt etwa 550 Meter. Nennenswerter Aufstieg von Erndtebrück (500 m) zum Seebach (630 m), Abstieg Oberste Henn (674 m) – Benfetal (584 m), Anstieg zum Weibelskopf (620 m); Abstieg zur Erndtebrücker Benfebrücke (490 m).

Wanderkarte   1:50000 Blatt Naturpark Rothaargebirge, Süd.

Tourenbeschreibung   Zwischen *Dresdner Bank* und *Stadtbäckerei* in die *Bergstraße* und ansteigen. Vor dem *Kirchplatz* links, nach 200 Metern rechts (Schild »Parkplatz Steinseifen«) und zum *Wanderparkplatz Steinseifen*. Weiter auf dem Teersträßchen. Nach 10 Minuten an der Gabelung halbrechts und der weißen Raute folgen. Bald öffnet sich ein Blick über das Tal der Eder. Nach insgesamt 1 Stunde stößt man, von der Höhe der Seebach-Waldkuppe absteigend, auf einen querverlaufenden Forstfahrweg. Er wird schräg rechts gekreuzt. Schwach links haltend am Saum eines kleinen Feuchtgebietes. Auf dem nächsten Forstfahrweg kurz links, dann halbrechts und zu einem weiteren Forstfahrweg. Auf ihm geht es in *südliche Richtung*. Nach ½ Stunde über die *Oberste Henn* (Fernsehumsetzer). Mäßig abwärts, an der Wegespinne geradeaus ¼ Stunde zum Rastplatz am Treffpunkt mehrerer Fahrwege im Südhang des Ederkopfes. Von Erndtebrück 2 Stunden.

Von hier lohnt sich rechts (westlich) der Abstecher zur nahen Quelle der *Eder*. Sie mündet nach 177 Kilometern bei Kassel in die Fulda.

Die Rundwanderung wendet sich beim erwähnten Rastplatz links (östlich) und folgt der *Hauptwanderstrecke 3* vorerst noch im Wald, dann über den freien Hang abwärts, vorbei am Waldheim zur Landstraße 720 im *Benfetal*. Rechts über die *Benfe*,

kurz links, worauf die Andreaskreuze rechts ansteigen, durch
den Wald zu einer Kreuzung mit *Unterstandhütte*. Hier wird die
Hauptwanderstrecke links verlassen:, weißer Winkel. In leichtem Ab und Auf am Waldrücken östlich des Benfetales in ½
Stunde zum *Weibelskopf*. Rechts haltend hinunter zu einem
Fahrweg. Linksgehend leiten uns die weißen Winkel zuverlässig
durch die Hangwälder der Birkenhecke, vorbei an einer Holz-
hütte.

Ungefähr ¾ Stunden nach dem Weibelskopf sind wir in einer
Talfalte. Einige Schritte rechts, dann links kurz bergauf und anschließend ständig abwärts, einen aufgelassenen Steinbruch passierend, und zur *Benfebrücke* am südlichen Rand von *Erndtebrück*. An der Gabelung halblinks, in den Ort zum *Kirchplatz*.

40 Bad Berleburg – Großer Prenzenberger Kopf – Nesselbergskopf – Bad Berleburg

Verkehrsmöglichkeiten Bad Berleburg liegt südwestlich (24
km) von Winterberg an der B 480 bzw. nördlich (52 km) von
Dillenburg (Autobahn-Anschlußstelle). Bahnhof mit Busbahn-
hof.

Parkmöglichkeiten Nördlich des Bahnhofs an der rechten Straßenseite.

Wegemarkierungen Zunächst ¾ Stunden weißes Andreaskreuz, dann weißer Kreis zum Nesselbergskopf, Rückweg weiße
Raute.

Tourenlänge 10 Kilometer.

Wanderzeit 2¾ Stunden.

Höhenunterschiede Insgesamt etwa 600 Meter. Von Bad Berleburg (440 m) Anstieg zum Sattel (490 m) der Landstraße. Abstieg ins Tal (460 m) und Aufstieg zum Großen Prenzenberger
Kopf (653 m). Vom Nesselbergskopf (630 m) Abstieg nach Bad
Berleburg (440 m).

Wanderkarte 1:50 000 Blatt Naturpark Rothaargebirge, Süd.

Wissenswertes *Bad Berleburg,* 7500 Einwohner in der Kern-
stadt, seit 1935 Luftkurort, seit 1971 Heilbad, im unteren Odeborntal des Wittgensteiner Landes; zweitgrößte Flächengemein-
de Nordrhein-Westfalens. Während der Reformation ein Hort
des lutherischen Bekenntnisses. Altstadt 1825 durch Brand zerstört, danach planmäßig wiederaufgebaut; hübsche Fachwerkhäuser. Wittgensteiner Heimatmuseum. Renaissanceschloß und

Bad Berleburg, Schloß   (Foto: Touristik e. V. Bad Berleburg)

Bad Berleburg, »Drehkoite«   (Foto: Touristik e. V. Bad Berleburg)

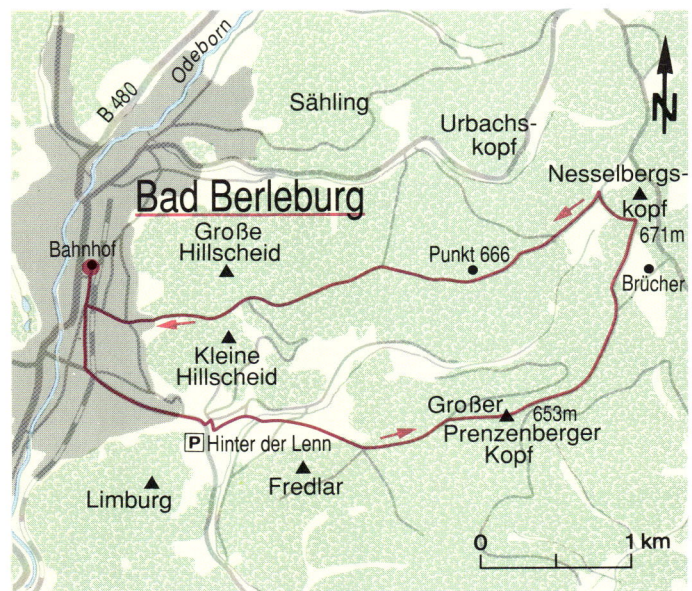

Sitz der Fürsten zu Sayn-Wittgenstein-Berleburg an der Stelle einer mittelalterlichen Höhenburg. Torhaus vor dem Südflügel von 1585, Hauptbau 1733 vollendet unter Graf Casimir zu Sayn-Wittgenstein, Südflügel (Marstall) aus dem späten 18. Jahrhundert; Konzerte, Führungen. Der Schloßpark mit seinem jahrhundertealten Baumbestand ist als Kurpark ständig zugänglich. Wittgensteiner Heimathaus: Museum der Stadt Berleburg. Landwirtschaftsmuseum Hof Espe. – In Berleburg-Raumland (3 km südlich) wurde 1984 das erste Schiefer-Schaubergwerk in Westfalen eingerichtet: Grube Delle, 70 Meter lang; Förderung zwischen 1860 und 1923. Führungen: ca. ¾ Stunden, Temperatur im Stollen 6° Celsius. – In *Berleburg-Arfeld* Museum in einer Schmiede aus der Mitte des 19. Jahrhunderts.

Tourenbeschreibung Vom *Bahnhof* südwärts auf der Straße *Unterm Hillscheid* und der *Schulstraße* 10 Minuten zur *Ampelkreuzung*. Links auf der *Landstraße 718* (Emil-Wolf-Straße) bergan, etwa ¼ Stunde. Nach der Ortsende-Tafel links, gleich wieder rechts, nun von den Andreaskreuzen geleitet. Das Teersträßchen senkt sich in ein anmutiges Tal und steigt wieder an im Landschaftsschutzgebiet. Später in den Wald. An der folgenden

114

Wegedreiteilung geht es halblinks (weißer Kreis) weiter auf dem Forstfahrweg noch knapp 10 Minuten. Dann rechts und auf den *Großen Prenzenberger Kopf*. Von Bad Berleburg eine Stunde.

Auf dem Kamm abwärts, wobei zwei sanfte Waldkuppen überschritten werden, ehe die Gegensteigung beginnt, bis vor den Nesselbergskopf. Auf dem Querweg links wenige Minuten zum nächsten Querweg. Hier spitzwinkelig links, zunächst am Waldrand, dann geradeaus in den Wald. An der Wegedreiteilung vor dem Aufschwung der Kuppe Punkt 666 hält man sich links und traversiert den Südhang der Kuppe. Auch an den weiteren Abzweigungen darf man sich auf die weiße Raute verlassen. Sie senkt sich in die Mulde zwischen Großer und Kleiner Hillscheid. Der Abstieg hält an und bringt uns durch die *Bismarckstraße* zum bekannten Tourenverlauf in *Bad Berleburg*.

41 Jagdhaus – Härdler – Margarethenstein – Sombornquelle – Jagdhaus

Verkehrsmöglichkeiten Bundesstraße 236 bis Fleckenburg, von dort 5 Kilometer auf der Kreisstraße 42, oder Kreisstraße 42 südlich von Wingeshausen (6 km). Busverbindungen.

Parkmöglichkeiten Neben der Hubertuskapelle.

Wegemarkierungen Weiße Andreaskreuze.

Tourenlänge 10,5 Kilometer.

Wanderzeit 2½ Stunden.

Höhenunterschiede Insgesamt 250 Meter. Hauptsächlich Aufstieg vom Jagdhaus (640 m) zum Härdler (752 m) und Abstieg zum Margarethenstein (690 m).

Wanderkarte 1:50 000 Blatt Naturpark Rothaargebirge, Süd.

Wissenswertes *Jagdhaus* liegt in Laub- und Nadelwäldern am Kamm des Rothaargebirges. Erste Schankkonzession 1878 bezeugt. Der gastronomische Betrieb gründete in einem Jagdhaus der Freiherren v. Fürstenberg (Oberhundem Adolfsburg) aus dem 17. Jahrhundert. Hubertuskapelle von 1936. Der Kamm des Rothaargebirges trennt hier zwei Volksstämme: Nördlich die ursprünglich sächsischen Sauerländer (katholisch), südlich die hessischen Wittgensteiner (protestantisch). – Der *Margarethenstein,* einst Grenze zwischen Kurköln und dem Fürstentum Wittgenstein-Berleburg, kündet laut Überlieferung vom Duell eines Wittgensteiner und eines kurkölnischen Försters um die Liebe eines Mädchens namens Margarethe. Die Duellanten sollen sich gegenseitig erschossen haben!

Tourenbeschreibung Durch den Eingang zum *Jagdhaus Weise*
und links zum *Wegezeiger*. Von dort in Richtung Härdler-Hil-
chenbach auf der *Hauptwanderstrecke 6*. Als erstes zu einem
Forstfahrweg. Bei der kleinen *Unterstandhütte* halblinks und den
deutlichen Zeichen vertrauend, vorüber am *Rastplatz Trudes
Sonnenbank,* zum *Härdler,* der, obwohl höchste Erhebung (756
m) im mittleren Rothaargebirge, keine Aussicht bietet, Rastbank. Vom Jagdhaus 1 Stunde.

Anschließend senkt sich die Route südwestlich. In 20 Minuten
sind wir beim *Margarethenstein* (Unterstandhütte). Scharf links,
nun gemäß der *Hauptwanderstrecke 10*. Nach ½ Stunde wird ein
Forstfahrweg betreten. Er führt links in wenigen Minuten zur
steingefaßten *Sombornquelle*. Noch ½ Stunde, und man erreicht
Wanderparkplatz und Unterstandhütte *Mondscheinbank*. Links,
d. h. auf einem *Wanderschutzpfad* parallel zur Kreisstraße in 20
Minuten zur nächsten *Unterstandhütte*. Gleich danach erneut
links, auf- und abwärts zum *Jagdhaus*.

42 Latrop – Zinseck – Kühhude – Schanze – Latrop

Verkehrsmöglichkeiten Die Stichstraße (7 km) zweigt in Flekkenberg von der Bundesstraße 236 ab. Busverbindungen; nächster Bahnhof ist Altenhundem (23 km).
Parkmöglichkeiten Wanderparkplatz am Eingang des Grubentales; 200 Meter von der Bushaltestelle.
Wegemarkierungen Weiße Andreaskreuze bis Schanze. Abstieg A 2.
Tourenlänge 14 Kilometer.   **Wanderzeit** 3¾ Stunden.
Höhenunterschiede Insgesamt 650 Meter. Aufstieg von Latrop (450 m) über Zinseck (661 m) zum Brandwald (737 m). Abstieg von Schanze (710 m) nach Latrop (450 m).
Wanderkarte 1:50000 Blatt Naturpark Rothaargebirge, Süd.
Wissenswertes *Latrop,* rund 200 Einwohner, Luftkurort in einem Waldtal des Rothaargebirges. Urkundlich erstmals 1275 als Kirchspiel des Benediktinerklosters Grafschaft erwähnt, während der Soester Fehde (1444–1448) verwüstet. Neugründung 1617 durch den Abt des Klosters Grafschaft. Waldlehrpfad Grubental – Dicke Eiche; vom Wanderparkplatz hin und zurück eine Stunde. – Altarstein, soll den heidnischen Sachsen als Opferstein gedient haben; von Latrop zu Fuß (Markierung 2 A) durch das Grubental etwa 50 Minuten. – Schanze, an der mittelalterlichen »Heidenstraße« Köln – Kassel – Leipzig, heute Luftkurort, war unter der Obhut des Benediktinerklosters Grafschaft durch Köhler aus der Eifel besiedelt worden und trägt seinen Namen (seit 1737) angesichts der Erdbefestigungen (»Schwedenschanze«, nordöstlich im Wald), einer Landwehr des Klosters Grafschaft aus der Zeit des Dreißigjährigen Krieges.

Tourenbeschreibung Vom *Wegezeiger* am *Parkplatz* auf der *Hauptwanderstrecke 23* links des Baches im *Klotzlochsiepen* bergan in 25 Minuten zum *Bockenfördeplatz* (Unterstandhütte). Links noch etwa 300 Meter auf dem breitenWeg, dann scharf rechts, steiler bergwärts, einen Querweg kreuzen und zur Unterstandhütte am *Zinseck*. Vom Parkplatz etwa 1 Stunde.

Nun links mit der *Hauptwanderstrecke 6*. Etwa 5 Minuten später links vom breiten Weg ab, nach 200 Metern rechts und in 10 Minuten zum *Brandwald*. Hier macht die Route einen schwachen Linksknick und leitet auf dem Kamm zum Sportplatz von *Kühhude*, ehemals eine Köhlersiedlung, heute Schullandheim in einem Bauernhof. Südlich sieht man den UKW-Sender auf der Sackpfeife bei Biedenkopf. Von Latrop nicht ganz 2 Stunden.

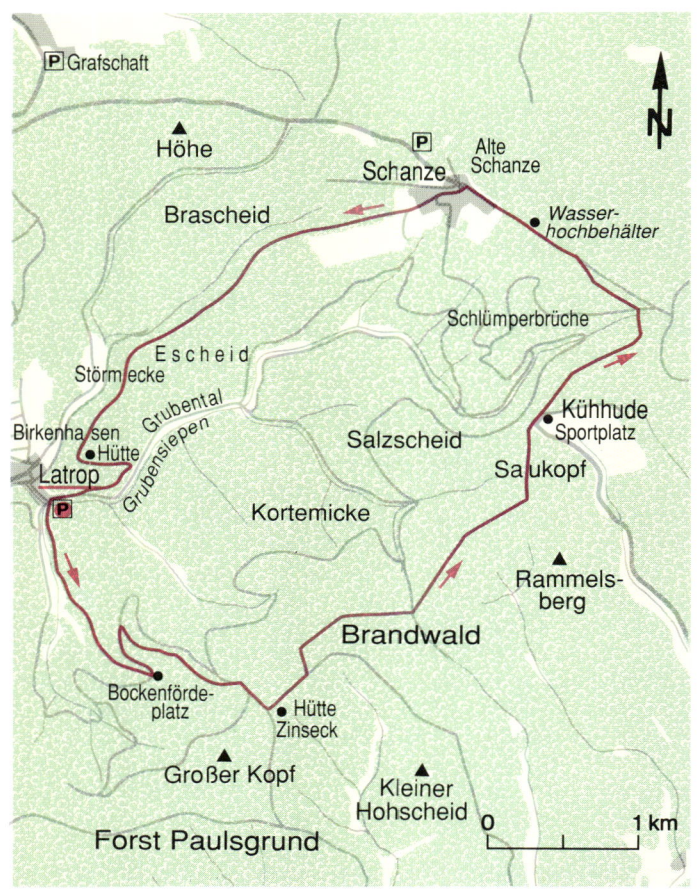

Kurz auf dem Sträßchen und gerade in den Wald. Leicht bergan, über die Kuppe hinweg zu einer Kreuzung. Links, einen
Bachlauf und einen Forstfahrweg querend zum Forststräßchen,
das uns ¼ Stunde später, vorbei am Wasserhochbehälter, bei
den Häusern von *Schanze* abliefert. Von Latrop 2¾ Stunden.

Beim *Gasthaus Bräutigam* links. Vorbei am Gasthof Alfons
Hanses. Etwas unterhalb, an der Linkskurve, geradeaus und am
oberen Saum der Skihänge den Zeichen A 2 folgen. Anschließend in den Wald und ständig abwärts am Escheidrücken, zuletzt an der *Unterstandhütte Birkenhasen* vorbei, ins *Grubental*
und rechts nach *Latrop*.

43 Waldlehrpfad Huckelberg

Verkehrsmöglichkeiten Von Schmallenberg auf der Bundesstraße 236 (Fleckenberger Straße) etwa 1 Kilometer Richtung Lennestadt. Bushaltestelle »Falke Strickwaren«.

Parkmöglichkeiten Unweit der Lennebrücke, 50 Meter abseits der Straße.

Wegemarkierungen Informationstafeln.

Tourenlänge 2,5 Kilometer.

Wanderzeit ¾ Stunden.

Höhenunterschiede Insgesamt 180 Meter. Vom Parkplatz (365 m) zum Huckelberg (454 m) und Abstieg.

Wanderkarte 1:50000 Blatt Naturpark Rothaargebirge, Südteil.

Wissenswertes Auf den Lehrtafeln nachzulesen: Waldwirtschaft, Fauna und Flora.

Tourenbeschreibung Von der Straße hinauf zur Pforte des *Waldlehrpfades* und geradeaus ansteigen. Auf dem *Huckelberg* erwartet uns der sagenhafte *Hexentanzplatz* mit einer *Unterstandhütte*. Abwärts zum Ausgang.

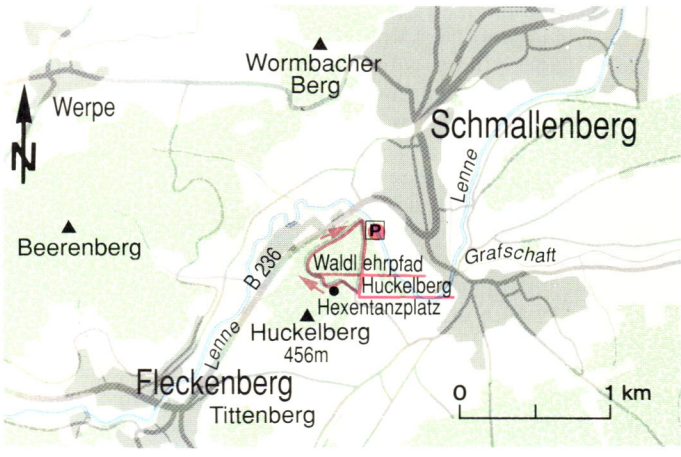

44 Schmallenberg – Latrop – Fleckenberg – Schmallenberg

Verkehrsmöglichkeiten Schmallenberg liegt an der lauten Bundesstraße 236 zwischen Lennestadt (18 km) und Winterberg (28 km) bzw. an der Bundesstraße 511 südöstlich (29 km) von Bremke. Busverbindungen.

Parkmöglichkeiten Südlicher Stadtrand, beim Friedhof, gegenüber dem Gasthaus Zum Brückenwirt.

Wegemarkierungen Weiße Andreaskreuze bis Latrop. A 1, A 2 bis Fleckenberg. Von dort wieder Andreaskreuze.

Tourenlänge 15 Kilometer.

Wanderzeit 4 Stunden.

Höhenunterschiede Insgesamt etwa 700 Meter. Anstieg vom Parkplatz (360 m) zur Schmallenberger Höhe (650 m). Abstieg nach Latrop (430 m). Von Fleckenberg (360 m) über die Höhe 420 Meter zum Parkplatz (360 m).

Wanderkarte 1:50 000 Blatt Naturpark Rothaargebirge, Süd.

Wissenswertes Der Luftkurort *Schmallenberg* mit rund 6000 Einwohnern, Mittelpunkt des »Schmallenberger Sauerlandes«, erstreckt sich auf einem Rücken über dem oberen Lennetal, hervorgegangen aus der um 1200 vom Erzbistum Köln errichteten »Smalenburg«. Malerische, schiefergedeckte Fachwerkhäuser an der Weststraße. Katholische Pfarrkirche St. Alexander (Patron des Klosters Grafschaft), spätromanische Hallenkirche des Siegerländer Typs, integriert in den Kirchenneubau von 1906. Puppenmuseum Mönig; Montag geschlossen. Spielzeugmuseum mit ca. 2000 Exponaten; Montag geschlossen. – Im Stadtteil *Wormbach* (4,5 km nordwestlich), einer Urpfarre im Rothaargebirge, großartige romanische Kirche St. Peter und Paul mit berühmten Fresken (Tierkreiszeichen). Auf der Egge-Bergkuppe (Kreuzberg) wird nach Prof. Heinz Kaminski eine steinzeitliche Sonnenwarte ähnlich den Megalithen von Stonehenge in der englischen Grafschaft Wiltshire vermutet. – Östlich von Schmallenberg erhebt sich der Wilzenberg: »Heiliger Berg des Sauerlandes«, Wallfahrt seit 500 Jahren, gefördert durch das 1072 gegründete Benediktinerkloster Grafschaft. Barocke Kapelle von 1622. Stählerner, 1889 fertiggestellter, 1989 sanierter 17 Meter hoher Aussichtsturm. Hier hatte das Sachsenvolk die bedeutendste Wallburg an der Südgrenze seines Reiches. Parkplatz unterhalb des Gipfels. – *Latrop* siehe Tour 42. – *Fleckenberg,* hübscher Ferienort, Bundesgold 1977 beim Wettbewerb »Unser Dorf soll schöner werden«. Bei Fleckenberg wurde am 3. November 1811 der letzte Wolf in Westfalen erlegt.

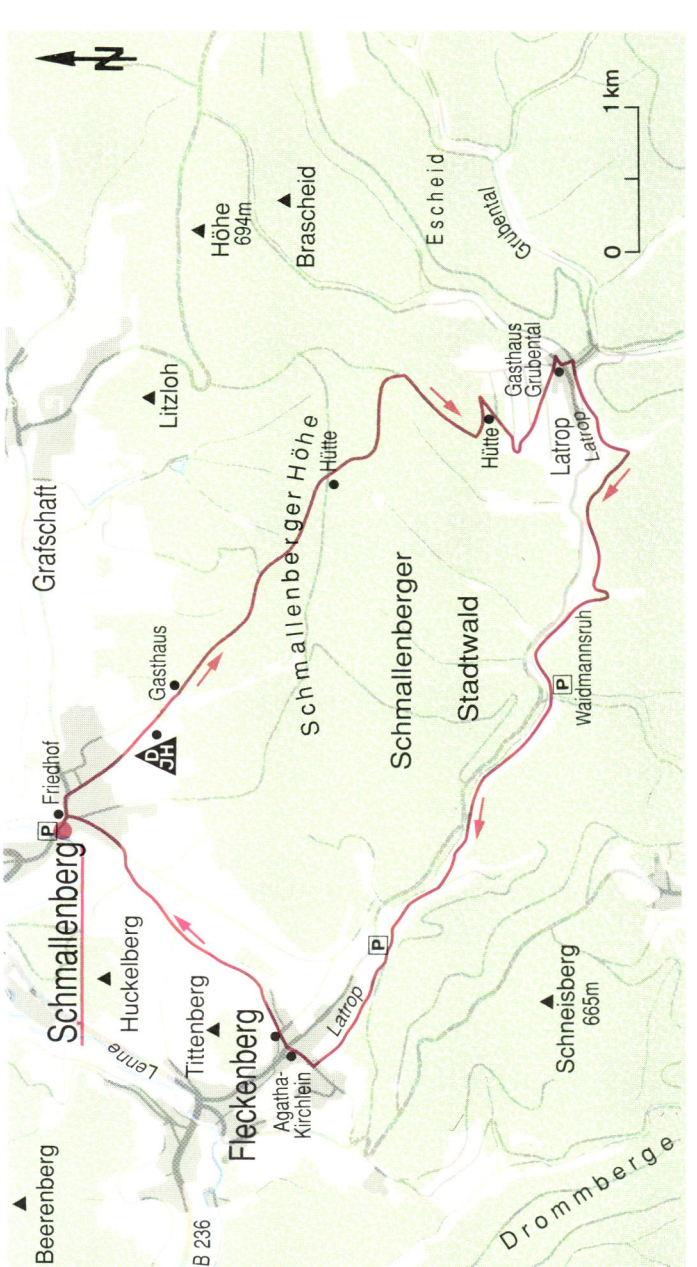

Tourenbeschreibung   Vom *Friedhof* auf der *Grafschafter Straße* 200 Meter, dann rechts der Tafel »Jugendherberge« folgen. Bergan, vorbei an der *Jugendherberge* und dem *Reiterzentrum* (Gasthaus zur Bergeshöh'), wobei man nordöstlich das Kreuz auf dem Wilzenberg erkennt. Im Wald gerade laut der *Hauptwanderstrecke 23* zur *Unterstandhütte* auf der *Schmallenberger Höhe* (Kreuz). Vom Parkplatz 50 Minuten.

Schräg links den Rundwanderweg A 1 kreuzen und abwärts, anfangs noch im Wald, nach der *Unterstandhütte* (Kreuz) in zwei langen Schleifen durch den freien Hang nach *Latrop*. Vom Ausgangspunkt 1½ Stunden.

Vom *Gasthaus Grubental* links, vor dem *Wanderparkplatz* rechts über die *Latrop,* kurz bergan und abermals rechts. In der Folge stets links des Talbaches, vorerst noch im Auf und Ab, später fast eben dahin. Etwa 1½ Stunden nach Latrop sind wir beim *Sägewerk*. Noch 100 Meter geradeaus, dann halbrechts in den *Erlenweg* einschwenken, über den Bach und zur Brücke am Ortsrand von *Fleckenberg*. Von Latrop 1¾ Stunden.

Rechts, beim *Agatha-Kirchlein* (17. Jahrhundert) rechts etwa 50 Meter auf der Straße, dann links in den geteerten Fahrweg *Im Siepen,* der sich zu einem genußvollen Panoramaweg entwickelt. Im Vorblick erscheint wieder das Kreuz auf dem Wilzenberg. Kurz nach einer *Kapelle* wird auch Schmallenberg sichtbar. Der Fahrweg bringt uns direkt zum *Parkplatz.*

45 Oberkirchen – Knollen – Waldemai – Oberkirchen

Verkehrsmöglichkeiten   Bundesstraße 236 Lennestadt – Winterberg. Busverbindungen; Haltestelle bei der Kirche.
Parkmöglichkeiten   Im Ort.
Wegemarkierungen   Weiße Andreaskreuze.
Tourenlänge   9,5 Kilometer.
Wanderzeit   2½ Stunden.
Höhenunterschiede   Insgesamt etwa 500 Meter. Anstieg von Oberkirchen (430 m) zum Waldemai (690 m). Abstieg nach Oberkirchen (430 m).
Wanderkarte   1:50000 Blatt Naturpark Rothaargebirge, Süd.
Wissenswertes   Der Luftkurort *Oberkirchen* unserer Tage war im 16. Jahrhundert Sitz eines Patrimonialgerichtes (in Deutschland 1877 abgeschafft) und gelangte durch Hexenprozesse zu trauriger Berühmtheit. Katholische Pfarrkirche St. Gertraut, ei-

ne schlichte, noch in der Gotik verhaftete Saalkirche mit Polygonalchor. An der Kanzel sowie am Hochaltar das Wappen des Barons Ferdinand v. Fürstenberg, Bischof von Paderborn, der das Gotteshaus 1666 stiftete. Oberkirchen wurde 1967 zum schönsten Dorf Westfalens gekürt.

Sauerlandhaus in Oberkirchen   (Foto: Helmut Dumler

Tourenbeschreibung   Von der *Kirche* auf der Durchgangsstraße 50 Meter talaus, dann links ansteigen zum Waldrand. Abermals links. An der Gabelung halbrechts entsprechend der *Hauptwanderstrecke 13* und den Südhang der Hardt traversierend in ½ Stunde bis kurz vor die Unterstandhütte am Weißen Kreuz. Scharf rechts, erneut mit Andreaskreuzen, jetzt auf der *Hauptwanderstrecke 27* durch den Nordhang der Hardt. Ungefähr ½ Stunde später geht es rechts durch einen schwach ausgeprägten Sattel. Jenseits links weiter in die Südostflanke des Schellhornes. An der Kreuzung geradeaus, aber nur einige Schritte, dann wenden sich die Andreaskreuze rechts (geradeaus A 1 führt

ebenfalls zur Waldemai-Unterstandhütte). Sie überqueren die
Einsattelung zwischen Waldemei (links) und Trinsberg (rechts).
Anschließend auf dem Forstfahrweg links in 5 Minuten zur *Wal-
demei-Unterstandhütte*. Von Oberkirchen 1½ Stunden.

Wir sind am Wendepunkt der Tour.

Vom *Wegestern* südwärts absteigen mit den Andreaskreuzen
der *Hauptwanderstrecke 10* und den A-1-Zeichen. Die Route
bleibt anfangs rechts am Bach, dann entfernt sie sich rechts.
Bald sieht man links unten in einem Seitental die Fischteiche
von Inderlenne. Ab der Bachmulde *Rehschlade* ist man kurz auf
einen geteerten Weg angewiesen, von dem sich die Andreaskreuze halbrechts abwenden. Sie führen zum Waldsaum und
hinab nach *Oberkirchen*.

46 Nordenau – Kleines Bildchen – Nordenau

Verkehrsmöglichkeiten   Kreisstraße 18 zwischen Oberkirchen (B 236) und Altastenberg. Busverbindungen; Haltestelle an der Kirche.

Parkmöglichkeiten   Am westlichen Ortsrand, an der Auf- bzw. Abfahrt von Oberkirchen.

Wegemarkierungen   Bis kurz unterhalb des Kleinen Bildchen weiße Andreaskreuze. Abstieg weißer Punkt.

Tourenlänge   7,5 Kilometer.

Wanderzeit   2 Stunden.

Höhenunterschiede   Insgesamt etwa 300 Meter. Von Nordenau (600 m) Anstieg – mit einer Unterbrechung – bis 710 Meter. Abstieg nach Nordenau (600 m).

Wanderkarte   1:50000 Blatt Naturpark Rothaargebirge, Süd.

Wissenswertes   *Nordenau* ist ein Luftkurort mit ansehnlichen Fachwerkhäusern. Pfarrkirche St. Hubertus, barocker Hochaltar. Hinter der Kirche der teilweise restaurierte Bergfried der um 1200 errichteten Burg »Nardena«; Mitte des 16. Jahrhunderts dem Verfall preisgegeben. Die seinerzeit starke Felsfeste kontrollierte die Fernstraße Köln – Kassel – Leipzig; Informationstafel. Laut einer Sage lebte auf der Burg die böse Gräfin Kunzia, die ihre sieben Gatten heimtückisch ermordete. Vom Turmstumpf (Holztreppen) schöne Rundschau sowie Tiefblicke ins Nesselbachtal. Auf der Höhe des Burgfelsens verläuft ein Kreuzweg.

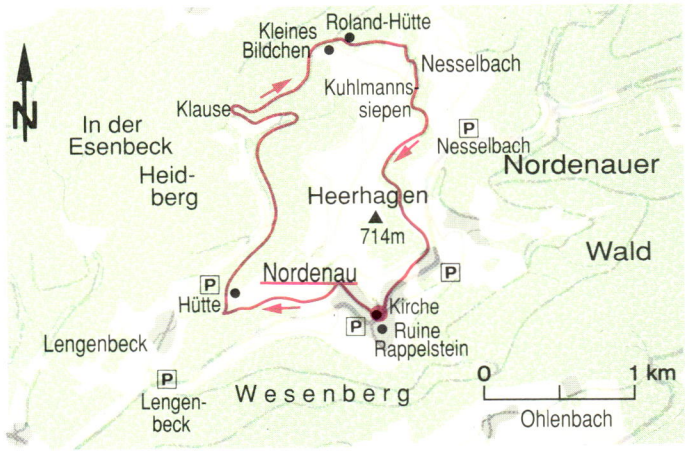

Tourenbeschreibung   Von der *Kirche* (Heinrich-Köppler-Platz) die Durchgangsstraße überqueren, links der Volksbank geradeaus mit den Andreaskreuzen, vorbei am *Verkehrsverein* und den Ort verlassen. Nach insgesamt 10 Minuten (Rastbank) weiter auf dem oberen, geschotterten Weg: *Sonnenpfad* – in der Tat. Bei einer *Rastbank* schwenkt die Route rechts ins *Lengenbecktal* ein. Der folgende Querweg (Rundwanderroute A 9) wird gekreuzt, worauf man auf dem Talboden einen freien Platz erreicht mit einer *Schieferhalde* sowie zwei Holzgebäuden der einstigen *Grube Sperlingslust.* Von Nordenau 35 Minuten.

Herbstfärbung   (Foto: Christina Garstecki)

Rechts des Platzes erfolgt ein Gegenanstieg. Etwa 5 Minuten später sind rechts die Reste eines Stollenmundes zu erkennen. Nach weiteren 10 Minuten wird die Linkskurve ausgegangen, ein Bach überschritten und ein Querweg gekreuzt. Nach dem Überschreiten des nächsten Baches hält man sich rechts und bleibt auf der *Hauptwanderstrecke 27,* bis zum Linksknick des Forstweges. Dort geradeaus, empor zum Marienbildstock *Kleines Bildchen.* Von Nordenau knapp 1¼ Stunden.

Zur *Rolands-Hütte* (Unterstand). Etwa 10 Meter danach rechts entsprechend der Markierung weißer Punkt in einen Wiesenweg. Aussichtsreich am Waldrand entlang. In 10 Minuten zu einem Querweg – links oben die Duisburger Hütte – und auf ihm rechts. An der Waldecke (Rastbank) links, etwa 10 Meter auf einem Teerweg, dann rechts, am und nahe des Waldrandes.

Rechter Hand wölbt sich die freie Höhe Auf der Helle, die südlich vom Herhagen abgelöst wird. Die Route geht in einen geteerten Fahrweg über. Endgültig abwärts, vorbei an einem kleinen Steinbruch und auf dem Sträßchen *In der Drift* zur *Kreisstraße 18*. Rechts zur *Kirche*.

47 Altastenberg – Nordenauer Wald – Kuhlmannssiepen – Altastenberg

Verkehrsmöglichkeiten Altastenberg liegt 5 Kilometer westlich von Winterberg (nächster Bahnhof). Busverbindungen.
Parkmöglichkeiten An der Durchgangsstraße gegenüber des Hotels Mörchen.
Wegemarkierungen Weißes Andreaskreuz zum Wasserbunker hinter dem Brandtenberg. Bis Kuhlmannssiepen A 6. Anschließend A 8, zuletzt A 14.
Tourenlänge 8 Kilometer. **Wanderzeit** 2 Stunden.
Höhenunterschiede Insgesamt etwa 400 Meter. Abstieg vom Brandtenberg (778 m) zum Nesselbach (590 m). Gegensteigung nach Altastenberg (780 m).
Wanderkarte 1 : 50 000 L 4916 Blatt Bad Berleburg.
Wissenswertes *Altastenberg,* kultiviert zwischen 1536 und 1547 als Köhler- und Hirtensiedlung, dessen Bewohner später vorwiegend vom Wanderhandel lebten, hieß bis 1785, zur Gründung der Pfarrei, Lichtenscheid. Höchstgelegener Luftkurort in Nordwestdeutschland. Goldplakette im Wettbewerb »Unser Dorf soll schöner werden«. Kirche von 1823. Ein Pfarrer von Altastenberg gilt als erster Skiläufer im Sauerland – anno 1898!

Tourenbeschreibung Gegenüber dem *Hotel Mörchen* der Straße *Historischer Pfad* folgen. Oberhalb der Skihänge auf der ehemaligen *»Via regia«* (Fernstraße Köln – Kassel – Leipzig) zu der 1869 geweihten *Kreuzbergkapelle.* Danach durchschneidet unsere Route die *Astenberger Schanzen* (Informationstafel). Wir bleiben auf dem breiten Weg. Wenige Minuten später sind rechts weitere *Wälle* der Verteidigungsanlage zu erkennen.

Geradeaus in den *Nordenauer Wald,* wo sich die Andreaskreuze nach 10 Minuten schwach rechts halten, die *Unterstandhütte Hubertusblick* passieren, und abwärts führen zum Waldrand oberhalb von Nordenau. Beim Wasserbunker rechts, an der Gabelung erneut rechts halten (links Hauptwanderstrecke 13 nach Nordenau), auf breitem Hangweg ins Tal des *Nesselba-*

ches und hinauf zur *Kreisstraße 18.* Jenseits auf geteertem Fahrweg 200 Meter zum *Wanderparkplatz Kuhlmannssiepen.*

Von Nordenau etwa 1 Stunde.

Nun gilt u. a. die Markierung A 9. Ansteigen, etwa ¼ Stunde.
Bei der *Unterstandhütte* scharf rechts und fast eben durch die
Waldhänge des Singerberges, vorbei an einer *Unterstandhütte.*
Kurz darauf gibt uns der Wald frei. Altastenberg wird sichtbar.
Auf geteertem Fahrweg am Waldrand entlang und hinauf zur
Straße. Rechts, am *Sporthotel Kirchmeier* vorbei, durch den
blitzsauberen Ort zum Ausgangspunkt.

48 Altastenberg – Hoher Knochen – Kahler Asten – Altastenberg

Verkehrsmöglichkeiten Zufahrt von Altastenberg (1 km) oder
von Winterberg (4 km). Busverbindungen.

Parkmöglichkeiten Wanderparkplatz Sahnehang, an der Abzweigung der Landstraße 640; Wege-Übersichtstafel.

Wegemarkierungen Weißes Dreieck und weißer Punkt zum
Hohen Knochen. Rückweg weiße Andreaskreuze.

Tourenlänge 6 Kilometer. **Wanderzeit** 1¾ Stunden.

Höhenunterschiede Insgesamt etwa 400 Meter. Vom Parkplatz
(771 m) absteigend zur Wegespinne (680 Meter). Aufstieg zum
Kahlen Asten (841 m). Abstieg zum Parkplatz (770 m).

128

Wanderkarte   1:50 000 L 4916 Blatt Bad Berleburg.

Gaststätte unterwegs   Kahler Asten.

Wissenswertes   *Altastenberg* siehe Tour 47. – *Lennequelle* und *Kahler Asten* siehe Tour 49.

Tourenbeschreibung   Vom *Parkplatz* auf der *Landstraße 640* Richtung Oberkirchen bzw. die Kreisgrenze Brilon/Meschede überschreiten. In der Rechtskurve wird die Straße links verlassen; Täfelchen »Neuastenberg«. Auf dem breiten Weg zunächst leicht bergan, dann mäßig abwärts und eben durch die laubwaldbestandenen Hänge. Nach ungefähr ½ Stunde erreicht man den Treffpunkt von fünf Wanderwegen.

Links Gegensteigung mit der *Hauptwanderstrecke 27,* einen Querweg kreuzen und links an einem Sandsteinbruch vorbei auf die Höhe des *Hohen Knochen.* Ständig ansteigen zur Bergstation des *Sahnehang-Skiliftes.* Hier rechts in Richtung des sichtbaren »Astenturmes«. Am Saum der für den Kahlen Asten typischen *Hochheide* stößt man auf die Stationen des *Heidelehrpfades.* Ihm folgt man rechts, einen kurzen Umweg in Kauf nehmend, über die 1995 neu gefaßte und gestaltete *Lennequelle* zum *Aussichtsturm* auf dem *Kahlen Asten.* Vom Parkplatz 1¼ Stunden.

Vom Kiosk geradeaus über die Heidehöhe zum *Sahnehang* und links am Waldrand hinunter zum *Parkplatz.*

49 Kahler Asten – Heidelehrpfad

Verkehrsmöglichkeiten Die Stichstraße zum Kahlen Asten zweigt (beschildert) zwischen Winterberg und Altastenberg von der Landstraße 640 südwärts ab.

Parkmöglichkeiten Wanderparkplatz Kahler Asten.

Wegemarkierungen Stationen des Lehrpfades.

Tourenlänge 1,5 Kilometer.

Wanderzeit ½ Stunde.

Höhenunterschiede Unbedeutend.

Wanderkarte 1:50 000 L 4916 Blatt Bad Berleburg (nicht erforderlich); eventuell 1:25 000 Blatt Winterberg und seine Dörfer.

Gaststätte unterwegs Restaurant im Aussichtsturm.

Wissenswertes *Kahler Asten,* zweithöchster Berg Nordwestdeutschlands und der Sauerländer Gebirgsszenerie, aufgebaut aus Schiefergestein. Niederschlagsreichste Örtlichkeit in Nord-

Auf dem Kahlen Asten　　　　　(Foto: Helmut Dumler)

130

rhein-Westfalen. »Astenturm«, 28 Meter hoch, geplant 1824 aus
Anlaß der tausendjährigen Selbständigkeit Deutschlands,
Grundsteinlegung 1884; der erste Turm stürzte ein. Heutige Ge-
stalt aus dem Jahre 1937, wird pro Jahr von rund 150 000 Perso-
nen erstiegen, einzigartige Rundschau, beispielsweise bis zum
Feldberg im Taunus. Am Eingang sowie im Treppenhaus Schau-
kästen der heimischen Fauna und Flora, Wald- und Hochheide-
Informationen. – *Lennequelle,* höchstgelegene (830 m) Quelle in
Nordrhein-Westfalen, speist den längsten (128 km) Nebenfluß
der Ruhr.

Tourenbeschreibung Vom *Parkplatz* zum Aussichtsturm.
Rechts davon dem Wegezeiger »Skihang Nordhang« folgen in
das 1965 eingerichtete, 36 Hektar große Naturschutzgebiet. Erste Information rechts über den sogenannten *»Klimagarten«.*
Auch weiterhin geben die Stationen für den »Normalverbrau-
cher« erschöpfende Auskünfte.

Oberhalb des Krieger-Ehrenmales geht es links und über die
Heidehochfläche, wobei Altastenberg sichtbar wird. Vor dem
Skilift Sahnehang links, den breiten Querweg kreuzen und ab-
wärts zu der 1995 neu gefaßten und gestalteten Lennequelle.

Geradeaus und wieder bergan, vorbei an einem »Schnadstein«
(Grenzstein). Beim Anschlag »Reliktpflanzen in der Hochhei-
de« wenden wir uns links zu einem breiten Weg, der links zum
»Astenturm« führt.

50 Helleplatz – Astenweg – Bürbigs Platz – Helleplatz

Verkehrsmöglichkeiten Bundesstraße 236 Winterberg – Neuastenberg. Busverbindungen.

Parkmöglichkeiten Wanderparkplatz Helleplatz an der Ostseite der Bundesstraße 236.

Wegemarkierungen Weißes Andreaskreuz bis hinter den Bärenberg. Rückweg weißes N.

Tourenlänge 5,5 Kilometer. **Wanderzeit** 70 Minuten.

Höhenunterschiede Insgesamt etwa 100 Meter, ohne spürbare Auf- und Abstiege.

Wanderkarte 1:50000 L 4916 Blatt Bad Berleburg.

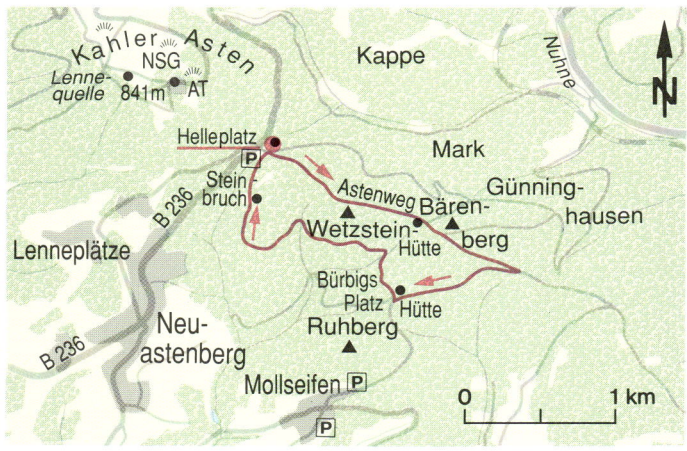

Tourenbeschreibung Von der Ostseite des *Parkplatzes* mit der *Hauptwanderstrecke 6* in den Wald. Ansteigend und absteigend dem *Astenweg* folgend in ¼ Stunde über die sanft gewölbte Kuppe des *Wetzsteins* zur ersten *Unterstandhütte*. Aus dem Sattel geradeaus, nun auf die Kuppe des *Bärenberges*. Jenseits noch etwa 5 Minuten abwärts, dann scharf rechts. Der *Astenweg* senkt sich durch hochstämmigen Laub- und Mischwald in knapp ¼ Stunde zum *Bürbigs Platz* (Unterstandhütte).

Halbrechts kurz bergan, dann fast eben weiter. Nach gut 10 Minuten öffnet sich links ein Durchblick auf Neuastenberg. Rechts folgt ein aufgelassener Steinbruch mit beachtenswerten Felsverschiebungen und -faltungen. Und schon 5 Minuten später sind wir wieder auf dem *Helleplatz*.

51 Mollseifen – Züschener Wald – Bremkebachtal – Bürbigs Platz – Mollseifen

Verkehrsmöglichkeiten Landstraße 721 Neuastenberg – Züschen. Busverbindungen.

Parkmöglichkeiten Wanderparkplatz am Friedhof.

Wegemarkierungen Weiße Andreaskreuze bis hinter den Osterkopf. Etwas später weißes M-Zeichen ins Bremkebachtal und zur Höhe. Auf dem Astenweg weißes Andreaskreuz bis Punkt 700, abschließend weißes N.

Tourenlänge 14 Kilometer.

Wanderzeit 3¾ Stunden.

Höhenunterschiede Insgesamt etwa 600 Meter. Aufstieg von Mollseifen (646 m) zu Punkt 743. Abstieg zur Landstraße (512 m). Gegensteigung bis 710 Meter. Von dort nach Mollseifen (646 m).

Wanderkarte 1:50000 L 4916 Blatt Bad Berleburg.

Wissenswertes *Mollseifen*, eines der vier sogenannten »Höhendörfer« (neben Hoheleye, Neuastenberg, Langewiese), die Graf Casimir zu Sayn-Wittgenstein 1713 gründete und den Siedlern – Westfalen und Wittgensteinern – Religionsfreiheit garantierte, gehört sei 1975 zu Winterberg. Die Sommerfrische liegt abseits des lauten Verkehrs im Sattel zwischen Nuhne- und Odeborntal, südöstlich des Kahlen Asten.

Kahler Asten   (Foto: Helmut Dumler)

Tourenbeschreibung Vom *Parkplatz* auf dem Teersträßchen südwestlich, vorbei am *Naturfreundehaus,* am *Restaurant Ski-Hütte,* an der Bergstation des Skiliftes sowie am *Campingplatz.* Etwa ¼ Stunde später wird der Fahrweg geradeaus verlassen. Es geht über den *Zwistberg.* Sobald sich das weiße N rechts wendet, läuft man geradeaus, abwärts zum *Freistuhl Holenor* (= hohler Ahorn), der Stätte des reichsmittelbaren Femegerichtes der Grafschaft Züschen aus der Zeit zwischen 1370 und 1580.

Durch eine Mulde, vorbei an einem »Schnadstein« (Grenzstein) und Gegensteigung über die Kuppe des *Osterkopfes,* wobei wir auf die Andreaskreuze der *Hauptwanderstrecke 14* achten müssen, bis zum »Stern« der Forstfahrwege. Von Mollseifen 1¼ Stunden.

Links, bei Punkt 742 geradeaus, hinunter – jetzt mit dem M-Zeichen – zu einem querverlaufenden Weg, dem man links abwärts folgt, eine *Unterstandhütte* passierend, mittels langgezogener Schleife in den *Flachengrund*. Talauswärts, rechts des Baches bleibend, sind es ¾ Stunden zur *Landstraße 721* (Badeweiher, Kinderspielplatz). Von Mollseifen 2½ Stunden.

Auf der anderen Straßenseite bergwärts dem Teersträßchen *Bredengrund* (erneut weißes M des Mollseifen-Rundweges) folgen. Nach 5 Minuten an einem Bauernhof vorüber und über Wiesen in 10 Minuten zu einer Wegedreiteilung. Rechts, spürbar steiler und durch Mischwald zum breiten *Astenweg*. Von der Straße 25 Minuten.

Links, über einen Waldrücken hinweg, noch etwa 10 Minuten auf dem *Astenweg*. Dann an der Gabelung kurz nach Punkt 700 links halten (weißes N), absteigend 10 Minuten zur *Unterstandhütte Bürbigs Platz*. Links hinunter nach *Mollseifen*.

52   Winterberg – Hesborner Wald – Orketal – Winterberg

Verkehrsmöglichkeiten   Winterberg liegt am Knotenpunkt der Bundesstraßen 480/236 und ist trotz des Umfahrungstunnels stark verkehrsbelastet. Bahnhof. Busverbindungen.

Parkmöglichkeiten   U. a. vor der Stadthalle und der Eissporthalle.

Wegemarkierungen   Weißer Punkt bis vor die Hohe Seife. Weißes Andreaskreuz ins Orketal. Ab der »Wernsdorfer Kirche« weiße Raute.

Tourenlänge   14 Kilometer.

Wanderzeit   3¾ Stunden.

Höhenunterschiede   Insgesamt etwa 500 Meter. Aus dem Hesborner Wald (682 m) Abstieg zur »Wernsdorfer Kirche« (460 m). Anstieg nach Winterberg (680 m).

Wanderkarte   1:50000 L 4916 Blatt Bad Berleburg.

Wissenswertes   *Winterberg,* seit 1973 heilklimatischer Kurort, ist die höchstgelegene Stadt in Nordrhein-Westfalen. Stadtrechte um 1265 durch den Kölner Erzbischof Arnold v. Hochstaden. Der Ortsname kommt aus dem Althochdeutschen »winberg«, was soviel bedeutet wie Weideberg. Das Patrozinum St. Jakob der Pfarrkirche, deren Ursprünge ins 12. Jahrhundert zurückrei-

chen, läßt auf ein der Kirche angeschlossenes Hospiz für Jakobs-Pilger schließen. Turmkern mittelalterlich. Die Innenausstattung wird »belebt« durch 12 lebensgroße, um 1750 entstandene Apostelfiguren aus dem damaligen Benediktinerkloster Grafschaft (bei Schmallenberg). Infolge der Sportanlagen (Kunsteisbob- und -rodelbahn, Sprungschanze, Biathlonstation, Eissporthalle etc.) wurde Winterberg 1990 Olympiastützpunkt. – »Wernsdorfer Kirche«, Platz des einstigen, im 13./14. Jahrhundert von seinen Bewohnern möglicherweise infolge der Anziehungskraft des um 1265 mit Stadtrechten begabten Ortes Winterberg verlassenen Kirchdorfes Wernsdorf.

St.-Georg-Sprungschanze bei Winterberg   (Foto: Helmut Dumler)

Tourenbeschreibung   In der *Stadtmitte*, von der Kreuzung (Hotel Leisse), auf der *Poststraße* (B 236) ungefähr 150 Meter südlich, dann links in die *Kapellenstraße*. Ansteigen zur aussichtsreichen Höhe (links Fernsehumsetzer) und den *Hesborner Weg* einschlagen. Nach dem *Schützenkreuz* steht links die *Unterstandhütte Schmantel*. Vom Ausgangspunkt 20 Minuten.

Auch am Ende der Teerdecke bleiben wir auf dem *Hesborner Weg*. Durch Wald und freie Fluren, vorbei an der *Hesborner Hütte* in südöstliche Richtung. Etwa ¼ Stunde nach der Hesborner Hütte wurde die Höhenstraße im 19. Jahrhundert durch eine »Landwehr« gesperrt. Nach insgesamt knapp 1½ Stunden sind wir bei einem *Wegestern* (Punkt 682) vor dem Aufschwung der Hohen Seite.

An der Gabelung links gemäß den Andreaskreuzen der *Hauptwanderstrecke 14,* vorerst durch die steilen Nordwest- und Nordhänge der Hohen Seite, anschließend in langen Schleifen ins Tal der *Orke.* Allerdings nicht bis zum Bach, sondern ungefähr ¾ Stunden nach dem Wegestern, an der Gabelung, links, und erst nach ¼ Stunde rechts über die *Orke* zum Kreuz bei der sogenannten *»Wernsdorfer Kirche«.*

Talein in ¼ Stunde zum Gebäude der einstigen *Ehrenscheider Mühle,* jenseits der Orke; auf dem *Wanderparkplatz* Informationstafel über die Winterberger Marken.

Nach dem Parkplatz über ein Bächlein. Etwa 100 Meter danach zweigt links die weiße Raute des Fußweges nach Winterberg ab. Ansteigend in den *Stadtwald* und auf angenehmer Promenade am Müttergenesungswerk, am Judenfriedhof und der Eissporthalle vorbei zur bekannnten Straßenkreuzung.

53 Züschen – Franzosenkreuz – Züschen

Verkehrsmöglichkeiten Anfahrt entweder von Winterberg (6 km, nächster Bahnhof) oder von Hallenberg auf der Bundesstraße 236. Busverbindungen. Günstige Bushaltestelle »Bahnhof«.
Parkmöglichkeiten Café Mühlbach; wegen parken vorher im Café fragen!
Wegemarkierungen Weiße Andreaskreuze zur Sellerberg-Unterstandhütte. Anschließend weißes Quadrat zum Franzosenkreuz. Für den Abstieg örtliche Wegenummern.
Tourenlänge 8 Kilometer.
Wanderzeit 2 Stunden.
Höhenunterschiede Insgesamt 450 Meter. Von Züschen (500 m) Aufstieg zum Ikesberg (716 m), Abstieg nach Züschen (500 m).
Wanderkarte 1:50000 L 4916 Blatt Bad Berleburg.
Wissenswertes Der Luftkurort *Züschen* im oberen Nuhnetal wurde im Wettbewerb »Unser Dorf soll schöner werden« mehrmals mit Silber ausgezeichnet, leidet aber am starken Durchgangsverkehr, vor allem durch Lkw. Der plattdeutsche Name Züschen – es hieß im Mittelalter »Tuscene« – rührt davon her, daß der Ort »züschen« (= zwischen) den Bergen eingebettet ist. Das seit bald 800 Jahren existierende Dorf war einst Mittelpunkt

und Taufpfarre einer Grafschaft, und erlebte 1908 mit der Eröffnung der Eisenbahnstrecke (stillgelegt) Frankenberg – Winterberg einen wirtschaftlichen Aufschwung. In der neugotischen, 1858 geweihten Pfarrkirche ein sehenswerter barocker Hochaltar mit dem Steinrelief »Enthauptung Johannes des Täufers« (1711) aus der damaligen Kirche Johannes Baptist.

Tourenbeschreibung Vom *Café Mühlbach* ortsauswärts, vorbei an der Bushaltestelle »Bahnhof«. Nach etwa 10 Minuten, in Höhe der Ante-Holzfabrik, nehmen wir auf der linken Straßenseite den hochführenden Wanderweg. Eine Bachmulde ausgehen und weiter zur *Sellerberg-Unterstandhütte* im Sattel zwischen Sellerberg (südlich) und Wacht (nördlich). Noch 50 Meter der *Hauptwanderstrecke* 6 folgen. Dann links, vorbei an einem Gitterleitungsmast halb links in den Wald und mäßig bergan. Links bleibt eine Rastbank zurück. Wir halten uns an den deutlichen Verlauf der *Alten Landstraße.* Sie durchmißt die Südwesthänge des Kleinen Niggenberges und des Großen Niggenberges und bringt uns schließlich zum Rastplatz am *Franzosenkreuz,* wo uns nur mehr einige Schritte zum felsbesetzten *Ikesberg* trennen. Vom Ausgangspunkt 1¼ Stunden.

Kurz zurück, dann links und in der Südflanke des Ikesberges absteigen, eine Lichtung an ihrem rechten Saum passieren, durch ein Waldstück und auf eine aussichtsreiche Wiese. Auf dem Teersträßchen nicht die Rechtskurve ausgehen, sondern gerade. Wenig später die Teerdecke kreuzen, jenseits auf einem Wiesenweg, von Birken geleitet, wieder zum Sträßchen, und rechts zu der bald 300 Jahre alten *Dicken Linde*. Durch die *Lindenstraße,* vorbei am Restaurant Lindenhof, und durch die *Schützenstraße* zur *Nuhnetalstraße* unweit des Ausgangspunktes.

54   Hallenberg – Heidkopf – Nonnenwinkel – Grenzweg – Hallenberg

Verkehrsmöglichkeiten   Bundesstraße 236 zwischen Winterberg (14,5 km) und Allendorf/Eder (12,5 km). Busverbindung.
Parkmöglichkeiten   Auf dem Marktplatz vor der Kirche oder am südlichen Ortsteil neben der Durchgangsstraße.
Wegemarkierungen   Anfangs stellenweise weißer Winkel. Danach weißes, kopfstehenden T.
Tourenlänge   14,5 Kilometer.   **Wanderzeit**   3¾ Stunden.
Höhenunterschiede   Insgesamt etwa 750 Meter. Aufstieg von Hallenberg-Marktplatz (390 m) zum Heidkopf (704 m). Abstieg – mit Unterbrechungen – über Nonnenwinkel (690 m) nach Hallenberg (382 m).
Wanderkarte   1:50 000 L 4916 Blatt Bad Berleburg.
Wissenswertes   Der Erholungsort *Hallenberg* im Nuhnetal breitet sich an den Sonnenhängen des Rothaargebirges aus und ging aus einem Gutshof der Abtei Deutz hervor. Verleihung der Stadtrechte 1231 durch den Kölner Erzbisbchof Arnold v. Hochstaden, der Hallenberg als Grenzfeste gegen die Grafschaft Waldeck befestigen ließ. Dreischiffige Hallenkirche St. Heribert mit dreistöckiger Haube. Ursprünglich romanisch (um 1250), Neugestaltung während der 2. Hälfte des 16. Jahrhunderts; bemerkenswerte, 1962 freigelegte Renaissancemalereien von 1558. Auf dem Marktplatz vor der Kirche der kreisrunde Petrusbrunnen (1756). Die Freilichtbühne wird von Juni bis September bespielt. Alle 10 Jahre (2000, 2010) Passions-Aufführung. 350 Jahre altes Backhaus; Backtage im Verkehrsverein erfragen.

Tourenbeschreibung   Am *Markplatz* nördlich in die *St.-Heribert-Straße.* An ihrem Ende durch die *Poststraße* und rechts, die Landstraße 717 (Wunderthauser Straße) queren, vorbei an der Gaststätte Heidkopf. Dann links in den geteerten *Heidweg* und

140

bergan. Ungefähr 25 Minuten nach dem Marktplatz bleiben wir auf dem geteerten Fahrweg, lassen also die beiden Linksabzweigungen unbeachtet, und folgen seiner Linkskurve. Die Teerdecke endet auf einer Lichtung. Gute 5 Minuten später zweigt links spitzwinkelig der Stichpfad ab zum *Heidkopf*. Von der Plattform des hölzernen *Aussichtsturmes* umfassende Panoramablicke, über Hallenberg nach Hessen, südlich zum Sendemast der Sackpfeife bei Biedenkopf, westlich zur Ziegenhelle. Von Hallenberg 50 Minuten.

Hallenberg, Petrusbrunnen unter der alten Heribertkirche
(Foto: Fremdenverkehrsverein Hallenberg e. V.)

Wieder unten auf dem Fahrweg, folgen wir ihm. Er senkt sich nach 200 Metern. Ab der *Unterstandhütte* rechts weiter mit dem Forstfahrweg am Hundsrücken entlang, 20 Minuten, zur *Unterstandhütte Sperrweg*. Nun wie mit dem Lineal gezogen noch ¼ Stunde. An der Gabelung links halten, an der nächsten rechts, schon umfängt uns das *Naturschutzgebiet Langenbruch*. Hier, im scheinbar weltentlegenen *Nonnenwinkel*, sollen im Mittelalter Nonnen gerodet haben. Von Hallenberg etwa zwei Stunden.

Am südwestlichen Zipfel des Schutzgebietes links, wenige Minuten später abermals links, Bachläufe überschreitend und rechts durch den Westhang des Haselrücken talaus. An der Wegeteilung rechts haltend, ist es noch ¼ Stunde zur *Landstraße 117*. Vom Nonnenwinkel ½ Stunde.

Links, kurz nach der Bushaltestelle *Trambach* rechts und abwärts über die *Pastorenwiese*. Nach 300 Metern links. In der

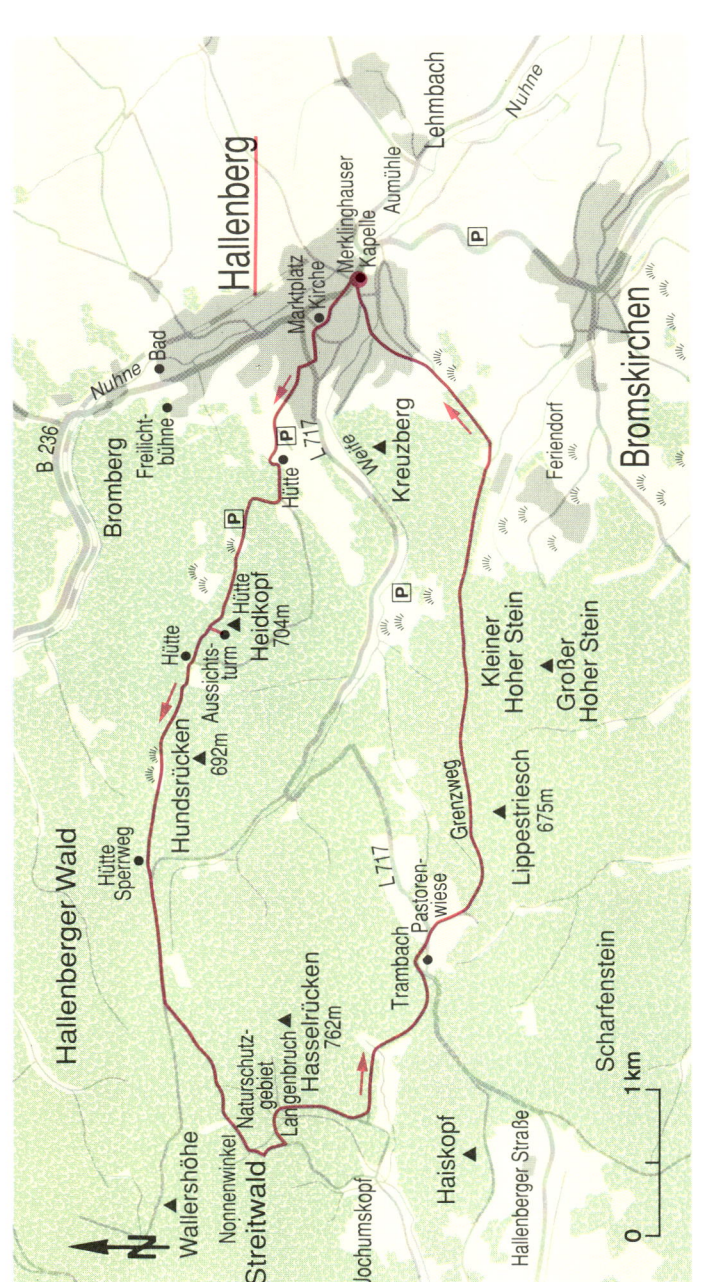

Folge ungefähr ¼ Stunde mäßig bergan, worauf die Steigungen geschafft sind. Bald verbreitert sich der Fahrweg zum Sträßchen. Unmittelbar bevor es den Wald verläßt, etwa 1 Stunde nach der Pastorenwiese, geht man an der Gabelung links. Abwärts durch die *Grube.* Über die *Weife* und hinaus zur Durchgangsstraße. Rechts steht die romanische *Merklinghauser Kapelle,* eine marianische Wallfahrtsstätte, einst Hallenberger Pfarrkirche. Wir wenden uns links, nach 100 Metern bei der Gaststätte Zum alten Brauhaus halblinks in die *Petrusstraße,* die hinaufführt zum Marktplatz.

55 **Mechterkuse – Rauhes Bruch – Kreuzberg – Mechterkuse**

Verkehrsmöglichkeiten Anfahrt auf der Landstraße 740 Siedlinghausen – Bödefeld. Beschilderte Abzweigung 1,5 Kilometer östlich von Bödefeld ins Valmetal.
Parkmöglichkeiten Wanderparkplatz Mechterkuse.
Wegemarkierungen A 2 im Valmetal. Vom Rauhen Bruch weißes Andreaskreuz zum Kreuzberg.
Tourenlänge 8,5 Kilometer.   **Wanderzeit** 2¼ Stunden.
Höhenunterschiede Insgesamt etwa 450 Meter. Aufstieg vom Parkplatz (520 m) zum Rauhen Bruch (750 m). Abstieg vom Kreuzberg (705 m) zum Parkplatz (520 m).
Wanderkarte 1:50000 L 4716 Blatt Brilon.
Wissenswertes Das *Naturschutzgebiet Hunau* birgt mit dem Rauhen Bruch und der Nassen Wiese zwei ca. 8000 Jahre alte – das ergab die Pollenanalyse – Hochmoore bzw. botanisch außergewöhnlich interessante Borstgrasheideflächen: älteste Hochmoore in Nordwestdeutschland. Dort entspringen die beiden Quellbäche der Valme, eines Nebenflusses der Ruhr. – Kreuzbergkapelle, 1729 geweiht, Endstation des ersten im Sauerland angelegten (1728–1730) Kreuzweges (von Bödefeld). Initiator war der »heiligmäßige« Bödefelder Pfarrer Montanus, dessen Gebeine 1929 in der Ostwand der Kapelle beigesetzt wurden. Der Schaukasten im Turm zeigt eine schwarze, offensichtlich abgeschlagene unverweste, sagen- und legendenumwobene Hand.

Tourenbeschreibung Vom *Parkplatz* talein, vorbei an einem Haus und tiefer in das abgeschiedene Valmetal. An der Gabelung nach ½ Stunde, wo das *Naturschutzgebiet Hunau* beginnt, teilen sich die Fahrwege. Wir entscheiden uns für den linken

143

und erreichen ansteigend in 20 Minuten den nördlichen Saum des *Rauhen Bruches.* Vom Parkplatz 50 Minuten.

Rechts mit der *Hauptwanderstrecke 25* durch Wald zur Nassen Wiese. Am Wegestern nehmen wir von den beiden Rechtsabzweigungen die *Hauptwanderstrecke 14* und ihre weißen Andreaskreuze (die Zeichen A 2 führen direkt zum Parkplatz). Auf bequemem Höhenweg durch prächtigen Hochwald in nördliche Richtung. Hinter der Unterstandhütte *Kahle Bauke* queren wir den Osthang der Kahlen Bauke und gewinnen schließlich den Gipfel des *Kreuzberges* (710 m).

Westwärts auf dem *Kreuzweg* absteigen Richtung Bödefeld zum ersten Querweg. Rechts, den nächsten Forstweg schräg rechts queren und etwas später mit A 1 und A 2 ins *Valmetal* bzw. zum *Parkplatz.*

56   Ramsbeck – Faulenberg – Brabecke – Valmetal – Ramsbeck

Verkehrsmöglichkeiten   Auf der Bundesstraße 7 (Meschede – Brilon) bis Bestwick. Dort südwärts 7 Kilometer. Busverbindungen. Beste Haltestelle »Post«.

Parkmöglichkeiten   Vor dem Café Hamich, unweit der Kirche am Westufer der Valme.

Wegemarkierungen   Weiße Andreaskreuze bis vor den Talboden der Valme.

Tourenlänge   18 Kilometer.

Wanderzeit   4½ bis 5 Stunden.

Höhenunterschiede   Insgesamt etwa 700 Meter. Aufstieg von Ramsbeck (370 m) zum Faulenberg (500 m). Abstieg nach Brabecke (420 m). Aufstieg bis Punkt 501, Abstieg zum Sportplatz Bödefeld (440 m), Anstieg in den Soel-Südhang (600 m), Abstieg nach Ramsbeck (370 m).

Wanderkarte   1:50 000 Blatt Naturpark Arnsberger Wald.

Gaststätten unterwegs   Werdern, Brabecke (abseits).

Wissenswertes   *Ramsbeck* zwängt sich im Valmetal zwischen Bastenberg und Dörnberg, urkundlich 1314 erstmals erwähnt im Güterregister des Stiftes Meschede, 1518 Bestätigung von Blei- und Zinkerzabbau. 1559 mit der Bergfreiheit begabt. Mitte des 19. Jahrhunderts berühmt-berüchtigt als »Kalifornien Westfalens«, nachdem der französische Marquis de Sassenay astronomische Gewinne mit den Bleivorkommen versprochen und kurzzeitig mehr als 2000 Knappen und Glücksritter angelockt hatte. Nach zwei Jahren war seine Bergbau AG bankrott! Interessantes Besucherbergwerk und Erzbergbau-Museum (nördlicher Ortsrand), Grubenbahn, Führungen; Montag geschlossen.

Tourenbeschreibung   Vom *Café Hamich* mit dem Uferweg zur *Brücke*. Rechts, nach 20 Metern links, der *Hauptwanderstrecke 14* folgen zur *Landstraße 776*. Etwa 100 Meter rechts, dann links auf der Brücke über die *Valme* und ein kurzes Stück auf der *Valmestraße* (Kreisstraße 19). Vor dem *Gasthaus Werdern Eck* rechts, weiterhin auf die Andreaskreuze achten. Ansteigen in den Wald zu einem breiten Querweg. Rechts, die Linkskurve ausgehend und an der Gabelung links haltend. Die Route leitet über den langgestreckten Waldrücken des *Faulenberges* und senkt sich vom Waldrand in das Dorf *Brabecke*. Von Ramsbeck 1½ Stunden.

Links hoch zur Kirche, dort rechts, vorbei an der Pension Köster. In der Folge nacheinander drei Querwege kreuzend und

Berlar

Ramsbeck

Café Hamich

Dörnberg

L 776

Bastenberg

Werdern

P

Campingplatz

Hohensteim

Valme-Pochwerk

Heinrichsdorf

Forst

Auf'm Riese

Kernebrockskopf

Brabecke

Faulenberg

Brabecke

Untervalme

Haus Brabecke

Kirche

Brabecke

Steinmarkskopf

Obervalme

Soel

Valme

Westernbödefeld

Palme

Buchhagen

Habichtsscheid

Sportplatz

Bödefeld

Walbecke

Nonnenberg

Pfarrkirche

Lanfert

0   1 km

links haltend hinunter ins Tal der *Palme* zum *Sportplatz* von Bödefeld, das allerdings rechts liegen bleibt. Wir folgen dem Teersträßchen noch 200 Meter, dann scharf links, nach 500 Metern spitzwinkelig rechts den freien Hang queren mit schönen Blicken auf die bereits 1342 durch die Arnsberger Grafen zur Freiheit erhobene Ortschaft Bödefeld und die 1723 erbaute Pfarrkirche.

Wir stoßen auf ein Teersträßchen, dem man links folgt, vorbei an einem Stadel. Die Teerdecke endet nach 20 Minuten. Nun rechts in den bewaldeten Osthang des Soel. Die Überlandleitung unterschreiten und abwärts auf geteertem Fahrweg, aber nicht bis zum Talboden: Vor der letzten Linkskehre biegt man links in den breiten Hangweg ein. Anschließend etwa 50 Minuten parallel zur Talstraße, oberhalb des Campingplatzes vorbei, zum vertrauten Herweg.

57 Siedlinghausen – Großes Bildchen – Siedlinghausen

Verkehrsmöglichkeiten Landstraßen 742 und 740, von Olsberg 9 Kilometer, von Winterberg 11 Kilometer. Bahnhof. Busverbindungen.

Parkmöglichkeiten Im Ort und am Bahnhof.

Wegemarkierungen Weiße Andreaskreuze zum Großen Bildchen. Zwei stehende weiße Balken ins Negertal. Von dort A 4.

Tourenlänge 18 Kilometer.

Wanderzeit 4¾ Stunden.

Höhenunterschiede Insgesamt etwa 800 Meter. Aufstieg von Siedlinghausen (450 m) zur Sange (780 m). Abstieg ins Naturschutzgebiet (750 m). Aufstieg zum Hunaukamm (800 m). Abstieg über das Große Bildchen (700 m) in das Tal der Neger (500 m) und nach Siedlinghausen (450 m).

Wanderkarte 1:50000 L 4716 Blatt Brilon.

Wissenswertes Der verkehrsreiche Luftkurort *Siedlinghausen* liegt am Zusammenfluß von Namenlose und Neger. Letztere hat nichts mit Negern zu tun, sondern entspricht dem Dialektwort »njäger« , was soviel bedeutet wie nieder. Siedlinghausen erhielt im bundesweiten Wettbewerb »Unser Dorf soll schöner werden« mehrmals eine Silbermedaille. Erste Erwähnung 1314 als »Selinchusen«. Einst florierte hier das Schnitzhandwerk. Die Erzeugnisse (Butterformen, Näpfe, Schüsseln usw.) wurden von heimischen Wanderhändlern bis in die Niederlande gebracht. Später eisenverarbeitende Industrie, Bahnanschluß 1906, mittlerweile »Kaufhaus des Hochsauerlandes«. – Das Naturschutzgebiet Hunau birgt mit dem Rauhen Bruch und der Nassen Wiese zwei ca. 8000 Jahre alte Hochmoore: älteste in Nordwestdeutschland. Dort entspringen die beiden Quellbäche der Valme, eines Nebenflusses der Ruhr. – Großes Bildchen. Alter Bildstock auf der Wasserscheide Sorpe/Neger. Unterstandhütte, Rastplatz, tröpfelnder Antoniusbrunnen. Auf Felsblöcken die Namen von umliegenden SGV-Abteilungen, die sich jeweils am 1. Oktober-Sonntag zur »Bildchenfeier« (Gottesdienst) treffen. – »Negerkirche«. Wo die beschriebene Rundtour nach dem Großen Bildchen auf die Schafbrücke stößt, befand sich 500 Meter links (an der heutigen Landstraße 742) das Dorf Neger, um 1300 eine selbständige Pfarre, deren Einwohner im 14. Jahrhundert zur Gründung von Siedlinghausen beitrugen.

Großes Bildchen (Foto: Helmut Dumler)

Tourenbeschreibung Ab der *Kirche* auf der *Inselstraße* über die *Negerbrücke* und nach 100 Metern links in das Sträßchen *Altenhagen*. Talein etwa 400 Meter, dann rechts auf dem *Trimmpfad* im Zickzack hoch zur *Landstraße 740*. Links der Straße knapp ¼ Stunde folgen, ehe links die *Hauptwanderstrecke 24* bergan in den Wald leitet. In ½ Stunde sind wir in einem Waldsattel (715 m) auf der Südseite der Hardt. Wenig später ansteigend den Forstfahrweg queren und über die nur schwach gewölbte Kuppe der Sange in das *Naturschutzgebiet Hunau*, das

148

größte seiner Art in Nordrhein-Westfalen. Am Nordostrand des
Rauhen Bruch schwenkt die Route scharf rechts ein. Nach 250
Metern links über den Bach *Rauher Bruch* und an den nördli-
chen Saum der *Nassen Wiese.* Von Siedlinghausen 2 Stunden.

Scharf links, jetzt der *Hauptwanderstrecke 14* folgen am nordöstlichen Rand der Nassen Wiese, hernach im Wald empor an

den *Hunaukamm.* Nach ¼ Stunde sind wir beim höchsten Punkt (800 m) der Tour. Abwärts, an der südlichen Naturschutzgebietsgrenze links, den *Klappersberg* überschreitend, in ½ Stunde zum *Großen Bildchen.* Von Siedlinghausen etwa 3 Stunden.

Auf der Straße Richtung Siedlinghausen etwa 10 Minuten, worauf man rechts abzweigt mit breitem Waldweg. Etwas später nochmals kurz auf der Straße, dann hinunter, die Gutmecke überschreitend zu einem »*Kleinen Bildchen*« an der *Landstraße 742.* Rechts auf der *Schafbrücke* über die *Renau* und talaus. Vorbei am ehemaligen, inzwischen vollkommen umgestalteten *Jagdschloß Siedlinghausen.* Etwa 20 Minuten nach der Schafbrücke biegt man spitzwinkelig links ab. Über die *Neger,* dann rechts, nach 5 Minuten links über die *Birnau.* Am anderen Ufer rechts und in der Folge problemlos zu Füßen des Hömberges talauswärts 50 Minuten nach *Siedlinghausen.*

58 Niedersfeld – Hochheide – Langenberg – Ochsenkreuz – Niedersfeld

Verkehrsmöglichkeiten Bundesstraße 480 zwischen Olsberg und Winterberg (9 km, nächster Bahnhof). Busverbindungen. Günstigste Bushaltestelle »Post«.
Parkmöglichkeiten Bei der Kirche.
Wegemarkierungen Zum Naturschutzgebiet Neuer Hagen weiße Andreaskreuze. Zum Ochsenkreuz zwei stehende weiße Balken; Gipfelgang zum Langenberg weißes Dreieck. Abstieg nach Niedersfeld weiße Andreaskreuze.
Tourenlänge 12,5 Kilometer (ohne Abstecher ins Naturschutzgebiet).
Wanderzeit 3½ Stunden.
Höhenunterschiede Insgesamt etwa 700 Meter. Aufstieg von Niedersfeld (530 m) zum Langenberg (843 m), Abstieg über das Ochsenkreuz nach Niedersfeld (520 m).
Wanderkarte 1:50 000 Blatt Naturpark Arnsberger Wald.
Wissenswertes Der Höhenluftkurort *Niedersfeld* im Ruhrtal dürfte sich ab 1330 in der Nachfolge eines Waldschmiededorfes am Neuen Hagen entwickelt haben. 1893 Pfarrei, seit 1975 zu Winterberg gehörend. Heimatstube an der Dorfhalle. – Naturschutzgebiet Neuer Hagen: Größte und reizvollste Hochheide Westdeutschlands; bemerkenswerte Flora arktischer und alpiner Arten auf sandig-lehmigen Böden (Krüppelfichten, Ebereschen, Zitterpappeln, Wacholder, Birken, Buchen, Weiden, Alpenbär-

lapp, Birnmoos, Isländisch Moos, Fadenbinse, Kriechweide, Rentierflechte etc.). Bei der Sicherung dieses Kleinodes durch Erwerb hat der Sauerländische Gebirgsverein ein nachahmenswertes Beispiel gegeben. Um die Kulturlandschaft zu erhalten, wird sie von Schafen und Ziegen beweidet.

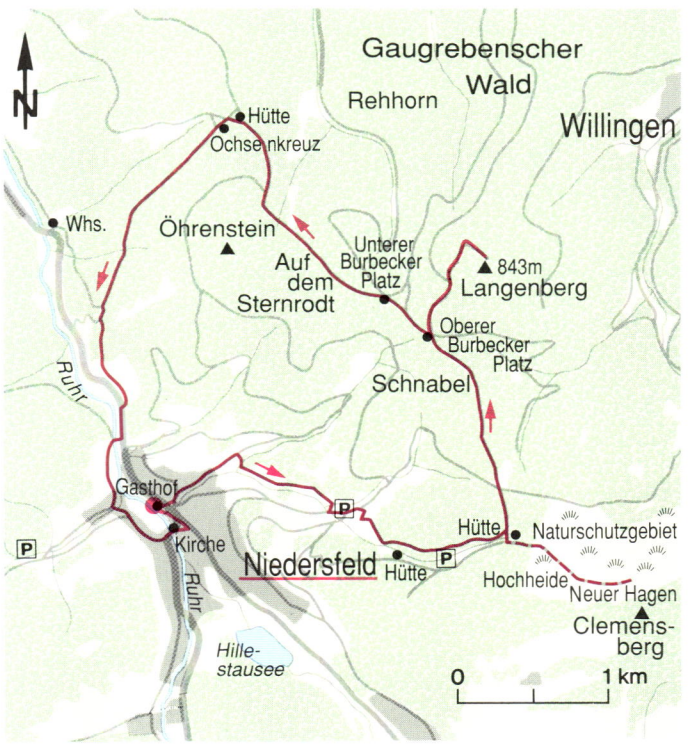

Tourenbeschreibung Gegenüber dem *Gasthof Alte Post* vertrauen wir uns den Andreaskreuzen der *Hauptwanderstrecke 16* an. Nach 200 Metern links, kurz danach rechts dem Sträßchen *In der Burbecke* folgen, gute 5 Minuten. Unmittelbar nach dem *Gas-Häuschen* geht es rechts, über die *Burbecke* und auf schönem Hangweg bergauf zur Teerstraße. Links etwa 100 Meter, dann erneut links, und 30 Meter nach der Schranke halbrechts den Waldpfad nehmen zu einer Wiese. Einige Schritte links und, sich auf die Andreaskreuze konzentrierend, bergan zu einem querverlaufenden Forstfahrweg und rechts zum *Wanderpark-*

platz Neuer Hagen (Wege-Übersichtstafel, Unterstandhütte). Von Niedersfeld knapp 1 Stunde.

Von hier kann man einen beliebig ausgedehnten Abstecher in das *Naturschutzgebiet Neuer Hagen* unternehmen, eventuell den felsigen, aussichtsreichen Clemensberg am Südrand des Schutzgebietes »erklimmen«. Die Rundtour indes verläuft auf dem erwähnten Forstfahrweg nördlich, erkenntlich an zwei weißen stehenden Balken, in 25 Minuten zum *Oberen Burbecker Platz*. Von Niedersfeld 1¾ Stunden.

Halbrechts (nordöstlich), jetzt mit dem Zeichen weißes Dreieck ansteigen, an der Gabelung links, einen Forstfahrweg querend, zum Grenzstein zwischen Nordrhein-Westfalen und Hessen (Waldeck). Rechts auf der Grenzlinie durch die Schneise aus teilweise 100 Jahre alten Fichten. Manche Bäume sind am Wipfel geknickt, einzelne oft zwei- und dreimal gebrochen von den Stürmen. Haben wir die gehäufte Steinpyramide auf dem *Langenberg* gewonnen, stehen wir auf dem höchsten Gipfel in Nordrhein-Westfalen: 843 Meter – 2 Meter höher als der Kahle Asten. Leider erlaubt der Baumwuchs keine Aussicht! Von Niedersfeld 2 Stunden.

Wieder unten auf dem *Oberen Burbecker Platz*, setzt man die Tour nordwestwärts fort (links neben dem Forstfahrweg auf einem Pfad), überquert 5 Minuten später den *Unteren Burbecker Platz* und hält sich halblinks auch weiterhin an die stehenden weißen Balken. Ab der Bergstation des *Sternrodt-Skiliftes* (Waldarbeiter-Gedenkstein, Grenzstein) verbreitert sich der Weg bzw. ist ein Stück identisch mit der Pistenschneise, setzt sich dann aber geradeaus fort. Im Norden spitzt ein Bruchhauser Stein aus dem Wald. Schließlich erreichen wir die Unterstandhütte beim *Ochsenkreuz;* Gedenken an jenen Hirten, der im 17. Jahrhundert von einem Ochsen getötet wurde. Vom Langenberg ¾ Stunden.

Beim Kreuz links in die *Hauptwanderstrecke 2* einschwenken und auf dem Forstfahrweg abwärts zur Wegegabel oberhalb der Mülldeponie. Links und vollends ins *Ruhrtal*. Auf der *Bundesstraße* links, nach 150 Metern rechts über die *Ruhr*. Links bergan zum Lagerplatz des *Sägewerkes* und talein, bis man beim *Hotel Cramer* auf die Durchgangsstraße stößt. Links, vorbei an der Kirche, in 5 Minuten zum Ausgangspunkt.

59 Um den Sorpesee

Verkehrsmöglichkeiten Der Ausgangsort Langscheid wird am besten über die Bundesstraße 229 angefahren, Abzweigung bei Hachem beschildert.

Parkmöglichkeiten In Langscheid, beschildert.

Wegemarkierungen Weißes S (= Sorpe-Rundweg) bis kurz nach dem Amecker Damm.

Tourenlänge 17 Kilometer.

Wanderzeit 4½ Stunden.

Höhenunterschiede Insgesamt etwa 500 Meter. Aufstieg von der Sperrmauer (290 m) über Langscheid zur Krähenbrinke (418 m), Abstieg vom Mellener Knapp (398 m) zum Amecker Damm (270 m).

Wanderkarte 1:50000 L 4712 Blatt Iserlohn.

Anmerkung Die Tour verkürzt sich um 2 Stunden, wenn man von Amecke mit dem Schiff zurückfährt.

Wissenswertes Der *Sorpesee* im Naturpark Homert entstand zwischen 1929 und 1935 als die damals größte Talsperre Europas: 70 Millionen Kubikmeter. Sperrmauer 60 Meter hoch, 700 Meter lang, Kronenbreite 10 Meter, 307 Meter Sohlenbreite. Von September bis Februar Überwinterungsplatz zahlreicher Wasservogelarten (u. a. Gänsesäger, Bleßhuhn, Reiherente). Fahrgastschiff-Verkehr zwischen Sorpedamm und Amecker

Langscheid, Antonius-Kirche   (Foto: Verkehrsverein Langscheid/Sorpesee)

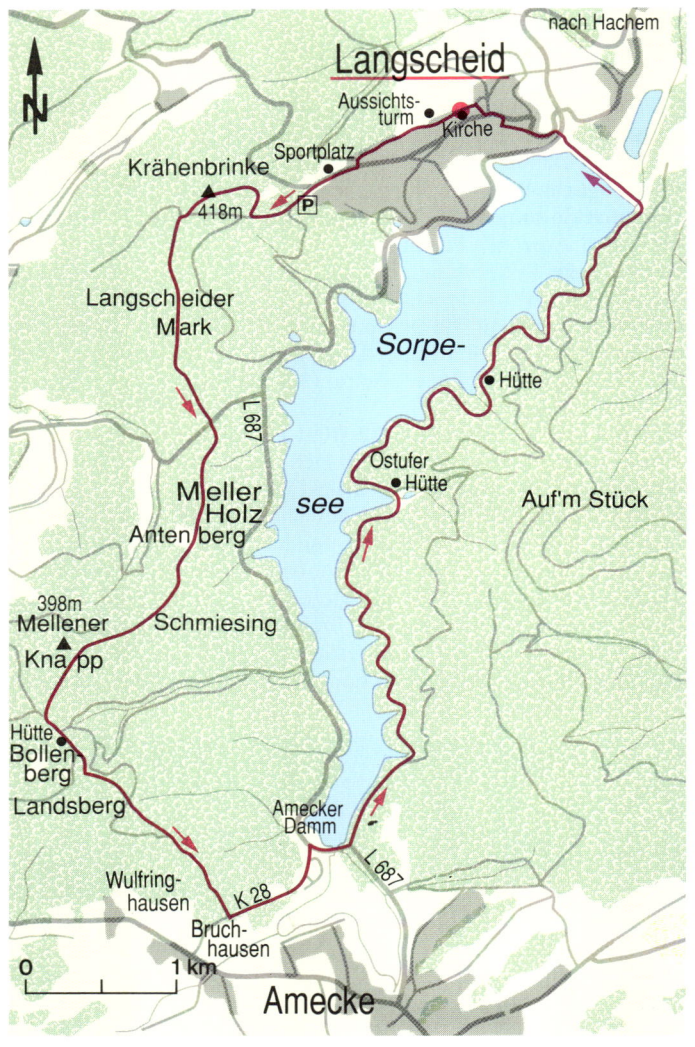

Damm. – Enkhausen (nördlich des Sorpesees) ist Geburts- und Grabstätte von Heinrich Lübke (1894–1972, Bundespräsident zwischen 1959 und 1969; Gedenkstätte Heinrich-Lübke-Haus.

Langscheid   (Foto: Verkehrsverein Langscheid/Sorpesee)

Tourenbeschreibung   In *Langscheid* vom Gemeinde- und Verkehrsbüro kurz auf der *Schützenstraße* ansteigen, dann links haltend zur Kirche und zum *Kriegerdenkmal* bzw. *Aussichtsturm,* von dessen Plattform man den gesamten Stausee überblickt.

Die Route führt rechts am Aussichtsturm vorbei und über den Höhenrücken, an dessen Sonnenseite sich die Häuser von Langscheid schmiegen. Durch die *Ringstraße* zur Durchgangsstraße bzw. *Landstraße 44.* Rechts, am Sportplatz vorüber und bei der folgenden Rechtskurve der Straße, nach der Bushaltestelle, geradeaus weiter, halblinks in den Wald. Wenig später rechts, dann links zum höchsten Punkt der *Krähenbrinke.* Von Langscheid 40 Minuten.

Ab der geräumigen *Schutzhütte* und dem originellen Wegezeiger geht es südlich durch den Wald der *Langscheider Mark.* Nach ¼ Stunde an der Gabelung halb rechts auf einem Pfad zur *Kreisstraße 34.* Einige Schritte rechts, dann links wieder auf breitem Weg durch das *Meller Holz* und über den stumpfen *Antenberg* zum *Mellener Knapp,* der im Osthang traversiert wird. An der folgenden Kreuzung links. Die *Unterstandhütte Bollenberg* bleibt zurück. In südöstlicher Richtung erreicht man die

Kreisstraße 28. Links zum *Amecker Damm*. Von Langscheid etwa 2½ Stunden.

Auf der anderen Seite schwenken wir links in das für den allgemeinen Verkehr gesperrte Sträßchen ein und bummeln am Ostufer des *Sorpesees* von Bucht zu Bucht. Nach etwa ¾ Stunden vorbei an einer *Unterstandhütte* und zur mächtigen *Sorpesperre*. Sie vermittelt den Übergang nach *Langscheid*.

60 Arnsberg – Arnsberger Wald – Damberg – Lattenberg – Hirschberg

Verkehrsmöglichkeiten Arnsberg liegt an den Bundesstraßen 7 und 229, Autobahn-Anschlußstelle. Bahnhof. Busverbindungen.
Parkmöglichkeiten Wanderparkplatz Bockstall, nordöstlich (3,5 km) von Arnsberg an der Bundesstraße 229 Richtung Soest; Haltestelle »Klosterbrücke« der Buslinie 550 von Arnsberg-Bahnhof. Zu Fuß von Arnsberg auf der Hauptwanderstrecke 1 etwa 1 Stunde.
Wegemarkierungen Weiße Andreaskreuze.
Tourenlänge 16,5 Kilometer.
Wanderzeit 4½ Stunden.
Höhenunterschiede Insgesamt etwa 500 Meter. Keine erheblichen Steigungen, lediglich am Ende der Ab- und Aufstieg nach Hirschberg.
Wanderkarte 1:50000 Blatt Naturpark Arnsberger Wald.
Gaststätte unterwegs Lattenberg (Montag Ruhetag).
Anmerkung Rückkehr von Hirschberg mit dem Bus; vorher im Bahnhof Arnsberg erkundigen!
Wissenswertes *Arnsberg* – »Perle des Sauerlandes« –, Hauptstadt des gleichnamigen Regierungsbezirkes, wird von der Ruhr eng umschlungen. Erstmals 793 erwähnt, 1077 Bau der ersten Burg auf steil abbrechendem Felsen unter Graf Friedrich dem Streitbaren – im wahrsten Sinne, denn er erschlug 1225 bei Gevelsberg den Kölner Erzbischof Engelbert. Stadterhebung 1238, 1368 an das Erzbistum Köln. Dreischiffige katholische Propsteikirche St. Laurentius (ehemals Kirche der 1803 aufgehobenen Prämonstratenser-Abtei Wedinghausen), romanischer Turm (1203), frühgotischer Chor; den Hochaltar bildet das 1618 von Heinrich Gröniger aus Paderborn geschaffene manieristische Epitaph des Caspar v. Freudenberg. Hirschberger Tor (Rokoko, bis 1802 am abgebrochenen Barockschloß Hirschberg) aus Sandstein als Abschluß des einstigen Klosterbezirkes. Klassizismus-

Hirschberger Tor

Kurfürst Clemens August ließ dieses Portal 1753 für sein Jagdschloß in Hirschberg errichten. Zum Schutz vor weiterem Verfall erfolgte 1826 die Überführung nach Arnsberg.

Arnsberger Heimatbund
1976

Viertel mit Neumarkt. Auf dem Alten Markt das alte Rathaus von 1710. Ebenfalls am Markt der Landsberger Hof mit dem Sauerland-Museum (Montag und Feiertage geschlossen). Feuerwehr-Museum. Auf den Ruinen des Schlosses entstand 1848 das Lied »Nun ade, du mein lieb Heimatland« von August Disselhoff. Alljährlich Mitte Mai findet die Arnsberger Woche mit Ruinenfest statt. – Am südlichen Stadtrand (Hasenwinkel 4) der bewirtschaftete SGV-Jugendhof »Wilhelm Münker« (auch Übernachtung); Naturschutzzentrum, biologische Station. – Waldlehrpfad Eichholz, 2 Kilometer, ausgehend vom Kurhotel. – Arnsberger Wald: Landschaftsschutzgebiet zwischen Ruhr und Möhne (Nebenfluß der Ruhr), seit 1961 Naturpark auf einer Fläche von 48 000 Hektar. – Der Erholungsort *Hirschberg* (Stadtteil von Warstein), hervorgegangen aus einer mittelalterlichen Burg, ab 1308 Stadtrechte, thront auf einem Bergkegel des Arnsberger Waldes. St.-Christophorus-Kirche, ursprünglich ein Hallenbau aus dem 13. Jahrhundert, 1956/57 bis auf den Chor abgebrochen und neu errichtet, barocker »Hirschaltar« (Seitenaltar) aus dem 1802 abgebrochenen Schloß, einer beliebten Jagdresidenz der Kölner Kurfürsten. Jagdmuseum im Alten Rathaus.

Ruhrtal bei Arnsberg (Foto: Hans-Volker Pahl)

Tourenbeschreibung In *Bockstall* bei der *Bushaltestelle* in den Wald: *Hauptwanderstrecke 1.* Ihre weißen Andreaskreuze leiten unmißverständlich durch das Gewirr von Forststraßen und -fahrwegen. Die Route hält sich weitgehend an den *Plackweg,* eine

158

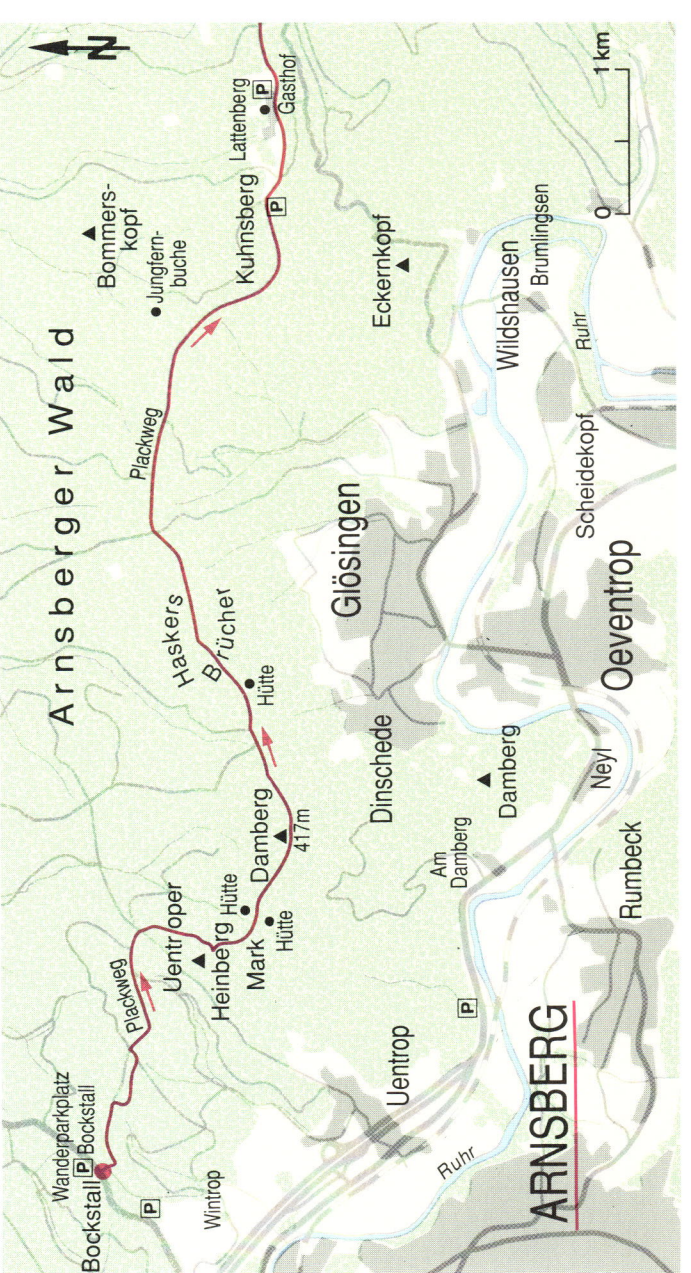

N

1 km

0

Gasthof

Lattenberg

P

Kuhnsberg

P

Bommers-
kopf

Jungfern-
buche

Eckernkopf

Wildshausen

Brumlingsen

Ruhr

A r n s b e r g e r   W a l d

Plackweg

Glösingen

Scheidekopf

Oeventrop

Haskers

Brüchel

Hütte

Dinschede

Damberg

Neyl

Uentroper

Damberg
417m

Am
Damberg

Heinberg Hütte

Mark
Hütte

Rumbeck

Plackweg

Uentrop

P

ARNSBERG

Wanderparkplatz P Bockstall

Bockstall

P

Wintrop

Ruhr

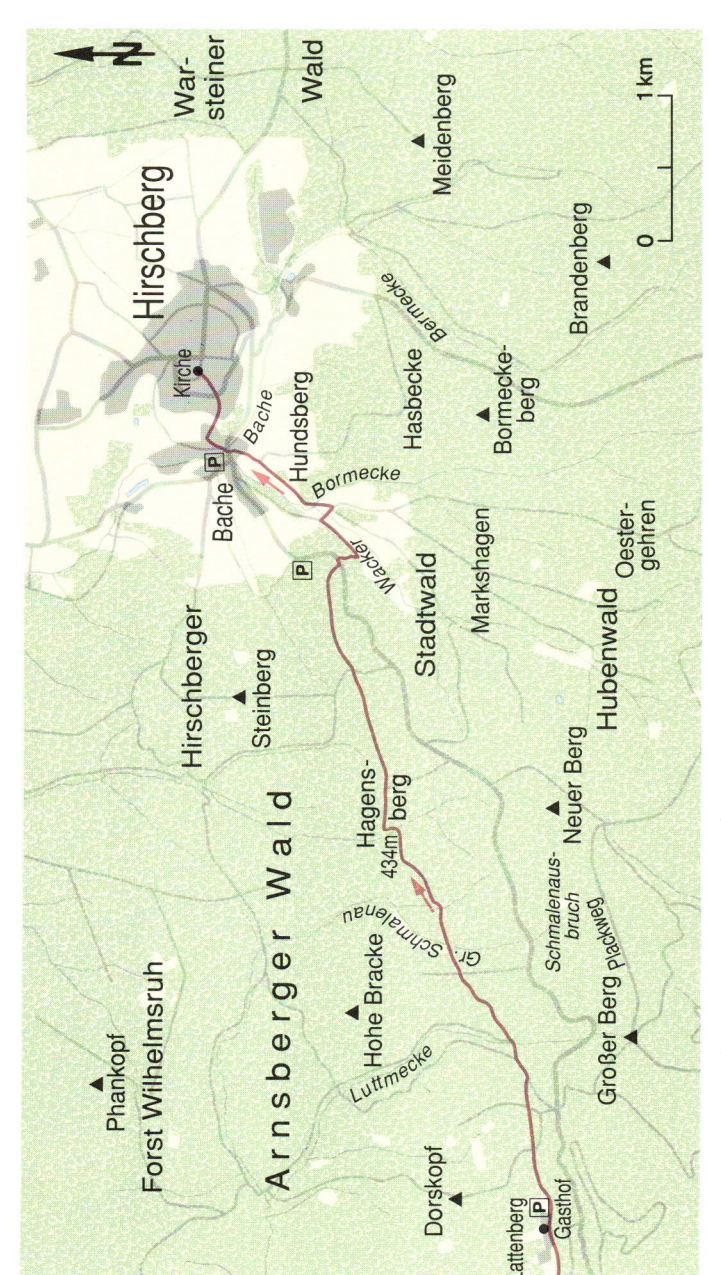

N

Warsteiner Wald

Hirschberg

Meidenberg ▲

Brandenberg ▲

Bormecke

Kirche

Bache

Bache

Bache

Bormecke

Hundsberg

Hasbecke

Bormeckeberg ▲

Markshagen

Stadtwald

Oestergehren

Hubenwald

Hirschberger

Steinberg ▲

Wacker

Hagensberg
434 m

Neuer Berg ▲

Schmalenausbruch

Arnsberger Wald

Gr. Schmalenau

Großer Berg packweg

Phankopf ▲

Forst Wilhelmsruh

Hohe Bracke ▲

Luttmecke

Dorskopf ▲

Lattenberg

Gasthof

1 km

0

historische Handels- und Heerstraße über den Kamm, der Wasserscheide zwischen Möhne (Nebenfluß der Ruhr) und Ruhr. Wir weichen der Heinbergkuppe links aus, und sind bald bei der ersten *Unterstandhütte*. Vom Parkplatz ¾ Stunden.

Den *Damberg* (417 m) kennzeichnen zwei Grenzsteine. Abwärts, vorbei an einem Gedächtniskreuz und geradeaus zur kleinen *Damberg*-Unterstandhütte. Mäßige Gegensteigung, über die Waldkuppe *Haskers Brücher*. Nächste Station ist der Wanderparkplatz am *Kuhnsberg*. Vor dem Erreichen des Gasthofes Schürmann befindet sich rechts das Grab des von einem Wilderer erschossenen Försters Mergell. Wir sind in der Höhensiedlung *Lattenberg*. Von Bockstall 2¼ Stunden.

Die Generalrichtung Osten wird beibehalten. Etwa 20 Minuten später am *Rastplatz* geradewegs, etwas bergauf, ab der Kreuzung zusätzlich A 5 und A 6 markiert. Diese Zeichen wenden sich auf dem *Hagensberg* (434 m) rechts, während wir geradeaus weiter marschieren, noch etwa 20 Minuten. Dann rechts.

Möhnesee/Südufer (Foto: Christina Garstecki)

Landstraße einige Schritte links, rechts im Wald hinunter zu einem Fahrweg (Rastbank) am Talhang der Wacker. Links ein Wildgatter passieren. Nach 300 Metern rechts über die *Wacker*, kurz darauf links über die *Bormecke*. Weiter zum *Gasthof Leisse*. Über die Bache, ansteigen auf dem Sträßchen *Ditz Knäppken* und durch die *Prinzenstraße* in die Ortsmitte von *Hirschberg*.

61 Naturschutzgebiet Hevearm am Möhnesee

Verkehrsmöglichkeiten Bundesstraße 229 Arnsberg – Soest. Busverbindungen.
Parkmöglichkeiten Vor dem Torhaus (Hotel-Restaurant).
Wegemarkierungen A 3, A 6, A 1.
Tourenlänge 5,5 Kilometer.   Wanderzeit 1½ Stunden.
Höhenunterschiede Etwa 100 Meter. Aufstieg (40 m) vom See auf den Höhenrücken des Hevearmes und Abstieg zum Parkplatz.
Wanderkarte 1:50 000 Blatt Naturpark Arnsberger Wald.

Torhaus oberhalb des Möhnesees (Foto: Christina Garstecki)

Wissenswertes *Torhaus,* ehemals Wildhüter-Haus, durch das ein Tor in einen mehr als 800 Hektar großen Wildpark mit exotischen Tierarten führte. Das Gebäude entstand 1910 unter Baron v. Donner; 1979 Um- und Neubau durch Familie Stümper. – *Möhnesee* – »Westfälisches Meer« –, Talsperre mit einem Fassungsvermögen von 134,50 Millionen Kubikmeter, durchschnittliche jährliche Zuflüsse 189,90 Kubikmeter. Eigentümer: Ruhrverband Essen. Durch den Bau des Stausees (1908–1912, Kosten 25 Millionen Reichsmark) mußten 140 Gehöfte bzw. 700 Menschen umgesiedelt werden. Britischer Bombenterror riß in der Nacht zum 17. Mai 1943 eine Bresche (77×22 m) in die Sperrmauer; die Flutwelle tötete 1200 Menschen und reichte in ihren Auswirkungen bis Schwerte. Am 1. Oktober war der bauliche Schaden durch Zwangsarbeiter behoben. – *Naturschutzgebiet Hevearm* seit 1975 auf einer Fläche von 250 Hektar, das speziell dem Vogelschtz dient; Informationstafeln. – Rennweg, alter Grenzweg; sagenhafte Vormarschtrasse des römischen Feldherrn Varus zur Eroberung Germaniens.

Tourenbeschreibung Vom *Torhaus* die *Bundesstraße 229* schräg links überschreiten. Jenseits durch die Schranke und auf dem geteerten Spazierweg ins *Naturschutzgebiet Hevearm.* Bald ergeben sich Perspektiven über den See. Im Frühsommer blühen Heckenrosen. Bei der zweiten *Unterstandhütte,* zu Füßen des Heversberges, weist eine Tafel auf die Ruhezone der Wasservögel hin. Weg nicht verlassen!

Nach insgesamt 50 Minuten wird der Uferweg scharf rechts mit den Zeichen A 1 und A 3 verlassen. In den Wald und zum querverlaufenden *Rennweg* auf dem Kamm des Hevearmes. Links, wie ein Strich zum Ausgangspunkt.

62 Möhnesee – Arnsberger Wald – Breitenbruch – Möhnesee

Verkehrsmöglichkeiten Bundesstraße 229 Arnsberg – Soest zum Möhnesee. Busverbindungen.

Parkmöglichkeiten Wanderparkplatz beim Hotel-Restaurant Torfhaus.

Wegemarkierungen Weiße Andreaskreuze in den Forst Herdringen. Weiße Raute bis hinter Breitenbruch. Dann wieder Andreaskreuze. Zuletzt A 1, A 5, A 15.

Tourenlänge 22 Kilometer.

Wanderzeit 5½ bis 6 Stunden.

Höhenunterschiede Insgesamt etwa 750 Meter. Aufstieg vom Möhnesee (250 m) zum Langer Berges (307 m), Abstieg vom Scharfenberg nach Breitenbruch (287 m), Aufstieg von Humbertsberg (269 m) auf 360 Meter, Abstieg zur Neuhauser Pforte (230 m).

Wanderkarte 1:50 000 Blatt Naturpark Arnsberger Wald.

Gaststätte unterwegs Breitenbruch.

Wissenswertes *Torhaus* und *Möhnesee* siehe Tour 61. – *St. Meinolf:* Anstelle der katholischen Heimvolkshochschule stand das Jagdschloß Wilhelmsruh, erbaut (wie Torhaus) durch Baron v. Donner, einem Freund Hagenbecks (Tierpark in Hamburg). Im Wildpark, der bis zum Torhaus reichte, hielt der Freiherr exotische Tierarten.

Tourenbeschreibung Vom *Torhaus* auf der *B 229* hinunter zum *Damm.* Rechts erstreckt sich der Hevearm des Möhnesee, links der Hevesee, ein Vorstaubecken.

Auf der anderen Seite rechts in den Uferweg und auf der Süd-seite des Hevearmes, eine *Unterstandhütte* passierend, der *Hauptwanderstrecke 26* am See entlang folgen. Knapp 1 Stunde nach Torhaus geht es links in den Mischwald. Steil bergan zur Höhe des Langer Berg, den man etwas unterhalb seines Firstes in der Ostseite quert. Etwa 40 Minuten nach dem Möhnesee stößt man auf einen breiten Querweg. Rechts, über einen Bach-lauf und in 5 Minuten zu einer *Kreuzung* (Punkt 272) im *Forst Herdringen*. Vom Torhaus 1¾ Stunden.

Links, kurz am Rande einer Lichtung, vorbei an einer ehr-würdigen Eiche und anschließend im Linksbogen etwas bergauf. An der Wegekreuzung leicht rechts halten. Bald wird die junge *Schlibekke* überschritten. Hier macht die Route einen Rechts-knick. Anschließend auf dem breiten Weg in östliche Richtung. Ungefähr 1 Stunde später wird der *Scharfenberg* (365 m) er-reicht.

Absteigen südostwärts zum *Waldfriedhof*, wo uns ein Teer-sträßchen übernimmt. Noch 500 Meter, vorbei an der Kirche, zur *Bundesstraße 229* am südlichen Ortsrand von *Breitenbruch*, das sich aus einer Köhler- und Waldarbeitersiedlung entwickelt hat. Vom Torhaus etwa 3 Stunden.

Jenseits weiter auf der Straße *Zum Windstich*, den *Sportplatz* bzw. das *Schützenhaus* passierend. An der Gabelung links, jetzt wieder mit weißen Andreaskreuzen, über die *Hevensbrink*, und wenig später den Fahrweg links verlassen. An der Kreuzung ge-radeaus, hinunter zum *Wanderparkplatz Humbertsberg* (269 m) im Tal der Kleinen Schmalenau. Von Breitenbruch 40 Minuten.

Gegensteigung auf der *Hauptwanderstrecke 13*, einen Forst-fahrweg kreuzen. Wenig später unterrichtet eine Tafel über die hier eingerichtete *Naturwaldzelle*, eine von 57 in Nordrhein-Westfalen. Über die Waldkuppe hinweg und abwärts, etwa 20 Minuten, ins *Hevetal*. An einer mächtigen Buche vorbei, über die (insgesamt 57 km lange) *Heve* zum *Campingplatz Neuhauser Pforte* und zum *Wanderparkplatz;* Wege-Übersichtstafel.

Weiter entsprechend den Zeichen A 1 in ¼ Stunde nach *St. Meinolf*. Rechts an den Fischteichen vorbei, dann links (u. a. Markierung A 5) und durch den Eichenwald westwärts, bis man beim *Torhaus* eintrifft.

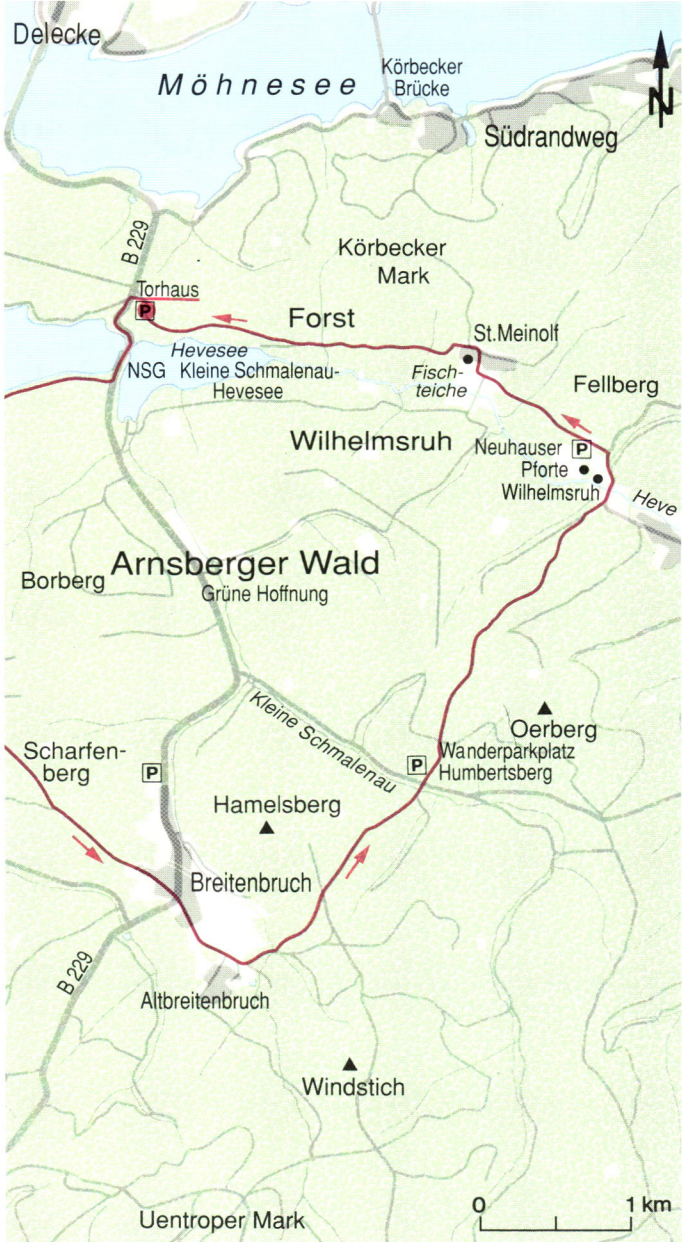

63 Humbertsberg – Haskers Brücher – Humbertsberg

Verkehrsmöglichkeiten Zwischen dem Hevearm des Möhnesees und Breitenbruch zweigt von der Bundesstraße 229 östlich ein Sträßchen ab (Schild: Neuhaus), das 1,5 Kilometer zum Parkplatz führt.

Parkmöglichkeiten Wanderparkplatz Humbertsberg (Wege-Übersichtstafel) im stillen Waldtal der Kleinen Schmalenau.

Wegemarkierungen A 1 während der ersten halben Stunde, danach liegender weißer Balken, auf dem Kamm weiße Andreaskreuze, dann weiße Raute, zum Schluß Andreaskreuze.

Tourenlänge 10 Kilometer. **Wanderzeit** Etwa 2¾ Stunden.

Höhenunterschiede Insgesamt 350 Meter. Hauptsächliche Steigung vom Parkplatz (269 m) zum Haskers Brücher (405 m). Abstieg vom Windstich (370 m) zum Parkplatz (269 m).

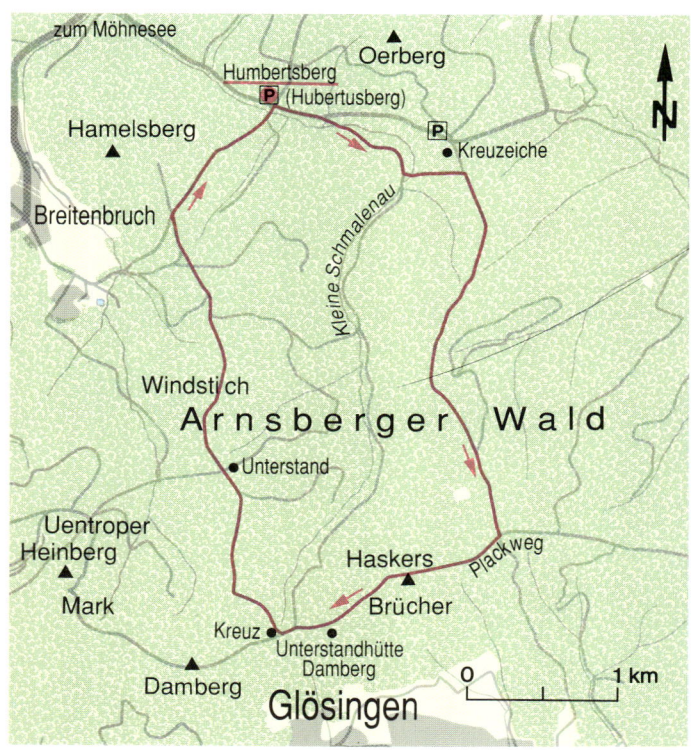

Wanderkarte   1:50000 Blatt Naturpark Arnsberger Wald.
Wissenswertes   Eigentlich heißt die Örtlichkeit Hubertusberg, im Volksmund Humbertsberg. – Plackweg siehe Tour 64.

Tourenbeschreibung   Vom *Wanderparkplatz* auf der Straße 300 Meter talein, dann auf einem Forstweg rechts in das *Naturschutzgebiet* und erstmals die *Kleine Schmalenau* überschreiten. Nach 10 Minuten geht es links, auf einem Holzsteg erneut über den Talbach und empor zum Forstfahrweg. Rechts ansteigen. Ungefähr 20 Minuten später über eine flache Waldkuppe, etwas bergab und Gegensteigung zum Kammrücken. Vom Parkplatz 1¼ Stunden.

An der Kreuzung rechts (Hauptwanderstrecke 1) dem historischen *Plackweg* folgend, 10 Minuten zur Höhe *Haskers Brücher* (405 m). Weiter westwärts durch Fichtenbestände zur kleinen *Unterstandhütte Damberg*. Wenige Minuten später, beim *Gedenkkreuz,* wendet man sich rechts (rechts Pfad hinunter zur nahen Quelle der Kleinen Schmalenau). Kurz danach links halten und der weißen Raute folgen zu einem pilzförmigen *Unterstand*. An der Kreuzung geradeaus, leicht bergan, durch den Windstich-Osthang. Anschließend abwärts, erneut gerade über eine Kreuzung, worauf man auf die *Hauptwanderstrecke 13* stößt. Rechts geht es in ¼ Stunde zurück zum *Wanderparkplatz*.

64   **Giesmecke – Wennemer Höhweg – Plackweg – Großer Berg – Giesmecke**

Verkehrsmöglichkeiten   Bundesstraße 7 Arnsberg – Meschede; Autobahn-Anschlußstelle. Busverbindungen. Die Zufahrt (6 km) zweigt bei der Pfarrkirche Freienohl ab (Beschilderung »Friedhof«) und führt über die Gaststätte Auf'm Hahn.
Parkmöglichkeiten   Wanderparkplatz Giesmecke, nordöstlich (6 km) von Freienohl.
Wegemarkierungen   A 3, A 4 zum Wennemer Höhweg. Auf dem Wennemer Höhweg sowie auf dem Plackweg weiße Raute. Abstieg A 2.
Tourenlänge   10,5 Kilometer.
Wanderzeit   2¾ Stunden.
Höhenunterschiede   Insgesamt etwa 450 Meter. Vom Parkplatz (330 m) Aufstieg zum Ensterknick (543 m). Abstieg zu Punkt 464. Aufstieg zum Neuen Berg (500 m) und Abstieg zum Parkplatz (330 m).

Wanderkarte 1:50000 Blatt Naturpark Arnsberger Wald.

Wissenswertes Der *Plackweg* war ein Handels- und Heerweg, spätestens seit karolingischer Epoche, möglicherweise noch eher; laut sagenhafter Überlieferung Vormarschtrasse des römischen Heerführers Varus für die Eroberung Germaniens. Überdies stellt der Plackweg eine ehemalige Jagd- und Grenzlinie dar, an welcher bei der »Schnade« (»Grenzgang«) die Grenzzeichen kontrolliert wurden. Mittlerweile sind die 600 Jahre alten »Schnadgänge« eine Art Volksfest.

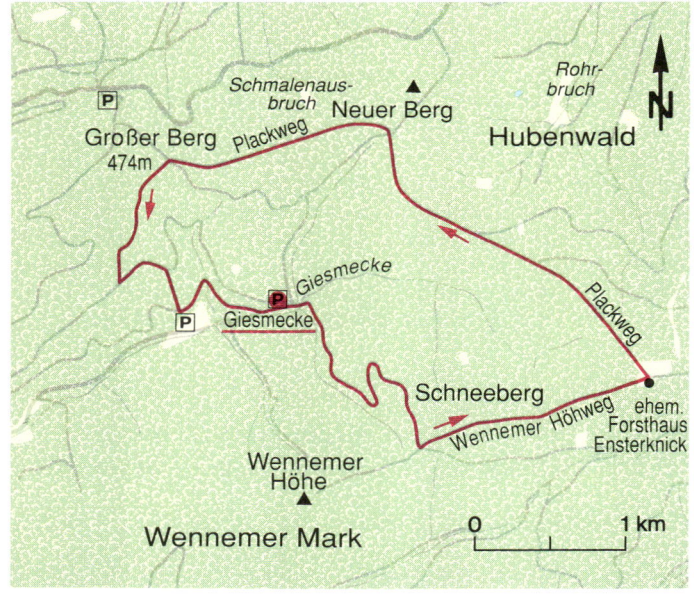

Tourenbeschreibung Vom *Parkplatz* talein zur Forstschranke und zur Brücke über die *Giesmecke*. Danach rechts in den *Heiligenpöstchenweg* (Forststräßchen) und bergan, zwei Kehren ausgehend, zum Kamm, wo uns der *Wennemer Höhweg* erwartet. Vom Parkplatz 35 Minuten.

Links (östlich) mäßig bergan über den waldbestandenen *Schneeberg* in 25 Minuten zum einstigen Forsthaus *Ensterknick* (543 m). Am westlichen Rand der Richtung links, jetzt mit dem geteerten Plackweg etwa ½ Stunde abwärts zum Treffpunkt (463 m) mehrerer Waldwege. Gegensteigung zur Wegekreuzung (496 m) im Südhang des Neuer Berges. Geradeaus bzw. dem

Linksbogen des *Plackweges* folgen und in westliche Richtung. Erst nach 25 Minuten, auf dem *Großen Berg* (474 m), verläßt man den Plackweg: links (Abfalltonne), das heißt wir nehmen den Weg halbrechts. Er senkt sich zu einem Querweg. Links, etwa 5 Minuten später rechts zum nächsten Querweg. Mit ihm links, durch eine Bachmulde und hinaus zum Talsträßchen, das links 200 Meter zum *Parkplatz* leitet.

65 Kelbketal – Oesterberge – Kelbketal

Verkehrsmöglichkeiten Die Bundesstraße 7 Meschede – Arnsberg in Wennemen südwärts verlassen in das Dorf Calle. Busverbindungen.

Parkmöglichkeiten Wanderparkplatz Kelbketal; 1 Kilometer südlich von Calle.

Wegemarkierungen Bis vor Schüren weiße Raute. Von dort verschiedene A-Zeichen (siehe Text).

Tourenlänge 11,5 Kilometer.

Wanderzeit 3 Stunden.

Höhenunterschiede Insgesamt etwa 550 Meter. Vom Parkplatz (294 m) Aufstieg zum Welsberg-Kamm (401 m) und an den Triebel (480 m). Von der Markshöhe (550 m) Abstieg zum Parkplatz (294 m).

Wanderkarte 1:50000 Blatt Naturpark Arnsberger Wald.

Gaststätte unterwegs Oesterberge (Montag geschlossen).

Wissenswertes *Calle* liegt in der reizvollen »Caller Schweiz« im Naturpark Homert bzw. im Mescheder Bergland, dem Gebiet zwischen Hennesee und Wennetal. In der Pfarrkirche, ursprünglich 1. Hälfte des 13. Jahrhunderts, eine romanische Madonna; auf dem manieristischen Altar (1636) gotische Figuren des 16. Jahrhunderts. Das Kirchspiel Calle feierte 1992 sein 950jähriges Jubiläum.

Tourenbeschreibung Vom *Parkplatz* bei der 1774 geweihten *Kapelle* auf dem Teersträßchen im oberen *Kelbketal* einwärts, etwa 20 Minuten. Unmittelbar nach einer *Rastbank* wird das Sträßchen halblinks verlassen. Geradeaus bergan, nach 5 Minuten links zum Kammrücken bei Punkt 407. Anschließend im Osthang des Kammes abwärts. Kurz vor dem Erreichen der Straße geht es rechts (A 6), nach knapp ¼ Stunde scharf rechts und durch den Wald bergan zu einem Querweg. Einige Schritte

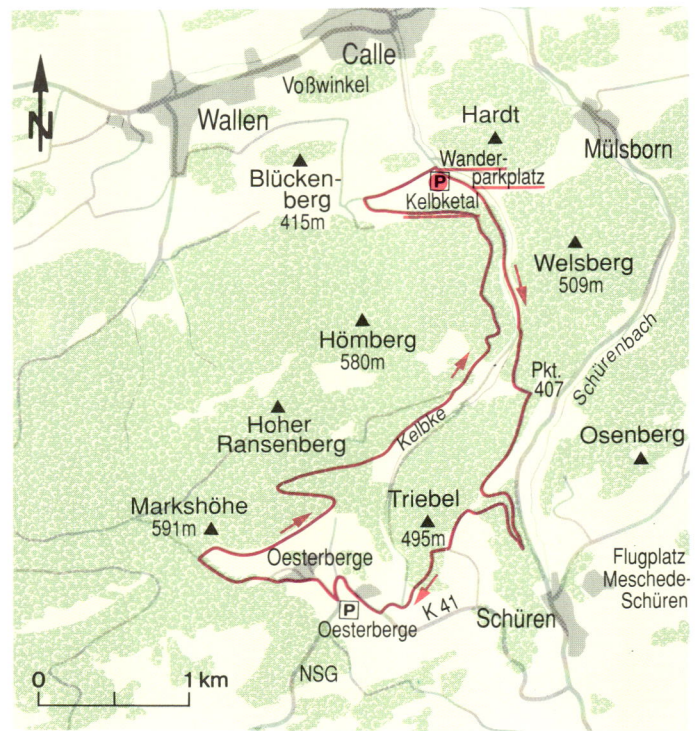

rechts, dann links am Waldrand des Triebel zu einem breiten
Weg. Erneut kurz rechts, worauf sich die A-1-Zeichen links
wenden und in das Teersträßchen aus dem Kelbketal münden.
Links zur nahen *Kreisstraße 41* und rechts, die Kapelle passierend, nach *Oesterberge*. Vom Parkplatz 1 ¾ Stunden.

An der Gabelung vor dem *Ausflugslokal Bergeshöh'* links, unterhalb hölzerner Startrampen für Drachenflieger vorbei. Nach
500 Metern an der Gabelung rechts. Am Waldrand entlang, etwa 5 Minuten. An der Waldecke des Marksberg-Südhanges
rechts auf geschotterten Weg (A 2) zur nächsten Waldecke.
Links in den Wald, mäßig abwärts, nach wenigen Minuten auf
die markierte Rechtsabzweigung (A 6) achten! Steil abwärts in
eine Mulde, anschließend links haltend zu einem Forstfahrweg,
auf dem wir talaus schlendern, ohne die Linksabzweigung (A 6)
zu beachten, in ¾ Stunden zum *Parkplatz*.

66 Hennesee – Sommerberg – Hennesee

Verkehrsmöglichkeiten Bundesstraße 55 von Meschede (Auto-bahn-Anschlußstelle) beschildert 2 Kilometer zum Parkplatz Hennesee. Busverbindungen u. a. von Meschede-Bahnhof.

Parkmöglichkeiten Wanderparkplatz Hennesee.

Wegemarkierungen A 8. Zusätzlich (Hennesee-Ostufer sowie Rückweg) weiße Andreaskreuze.

Tourenlänge 15 Kilometer.

Wanderzeit Etwa 4 Stunden.

Höhenunterschiede Insgesamt etwa 350 Meter. Aufstieg von Mielinghausen (330 m) – mit einer Unterbrechung – zur Höhe (460 m) vor dem Sommerberg. Abstieg zum See (323 m).

Wanderkarte 1:50000 Blatt Naturpark Arnsberger Wald.

Gaststätte unterwegs Mielinghausen.

Anmerkungen Badegelegenheit bei der Feriensiedlung (Vor-sperre) sowie auf dem Rückweg, etwa 10 Minuten vor dem Parkplatz. Bei Schiffbenützung kann die Tour erheblich verkürzt werden.

Wissenswertes *Hennesee,* Talsperre der Henne vor ihrer Mün-dung in die Ruhr, deren Wasserstand reguliert wird. Eingestaut bereits 1905 (11 Millionen Kubikmeter), 1951 bis 1955 erweitert auf ein Fassungsvermögen von 38,40 Millionen Kubikmeter.

Tourenbeschreibung Vom *Parkplatz* kurz bergauf (Tafel »Stau-damm«), vor der Tennisplatz-Gaststätte rechts und auf geteer-tem Waldweg hinunter zu der 375 Meter langen *Sperrmauer.* Auf der anderen Seite rechts in das für den öffentlichen Verkehr gesperrte Ufersträßchen. Kommoder Spaziergang an den Gesta-den des *Hennesees!* Während sich die weißen Andreaskreuze der Hauptwanderstrecke 23 nach knapp ¾ Stunden links ab-wenden, schlendern wir geradeaus in die Südostbucht des Stau-sees. Den *Hörbach* überschreiten und hinaus zur *Unterstandhüt-te* am herrlich gelegenen »Kap« des Hennesees. Ungefähr 20 Minuten später erreichen wir bei der Feriensiedlung die *Vor-sperre,* gewissermaßen den Drehpunkt unserer Tour. Vom Park-platz 2 Stunden.

Über den *Damm* zur *Bundesstraße 55.* Links, vor der *Bushal-testelle Mielinghausen* rechts, aber nicht zur nahen Gaststätte Kalthoff, sondern gleich wieder rechts (Markierung A 8). Auf geteertem Fahrweg vorbei am *Dicken Baum* (dreistämmige Lin-de, Naturdenkmal) bergan durch Mischwald. Anschließend bie-ten sich Blicke über den Hennesee. Am Südrand von *Enkhau-*

sen links, aufwärts mit der *Kreisstraße 41*. Nach gut 10 Minuten, in der Linkskurve, geht es bei Felsen rechts, jetzt getreu der *Hauptwanderstrecke 22*. Die Schranke passieren und weiter bergan, am Waldrand entlang – im Rückblick der Flugplatz Meschede-Schüren – bzw. in den Wald des Sommerberges, dessen Westflanke die Andreaskreuze durchziehen. Abwärts, ein Stück eben dahin und wieder mit Gefälle zur *Bundesstraße 55*. Links, nach 200 Metern rechts, auf einem breiten Weg hinunter zum See. Am Ufer entlang, vorbei am *Freibad*, auf dem *Gewässer-Lehrpfad* und wieder zum *Parkplatz*.

67 Stimmstamm – Papenberg – Glassmecke – Stimmstamm

Verkehrsmöglichkeiten B 55 von Meschede (nächster Bahnhof, Autobahn-Anschlußstelle) nach Warstein. Busverbindung.
Parkmöglichkeiten Beim Gasthof Stimmstamm am Scheitel des Bundesstraße 55; von Meschede 6,5 Kilometer.
Wegemarkierungen Weißer Kreis bis hinter Papenberg. A 7 ins Glassmecketal, dann A 9 zum Plackweg. Zurück weiße Raute.
Tourenlänge 9,5 Kilometer.
Wanderzeit 2½ Stunden.
Höhenunterschiede Insgesamt etwa 400 Meter. Ab der Kreuzung (555 m) westlich Stimmstamm Abstieg ins Glassmecketal (388 m), Aufstieg zum Plackweg (549 m).
Wanderkarte 1:50000 Blatt Naturpark Arnsberger Wald.
Wissenswertes Am Platz des Gasthofes Stimmstamm trafen sich bei einer Eiche die Grenzen von Eversberg, Warstein, Meschede. Am Stamm der Eiche »stimmten« die Grenzen. Ab 1829 wachte hier ein Zollhaus. Die Mescheder leisteten seinerzeit Vorspanndienste für die Fuhrwerke und Pferdewagen aus dem Ruhrtal zur Kammhöhe. – Plackweg siehe Tour 64.

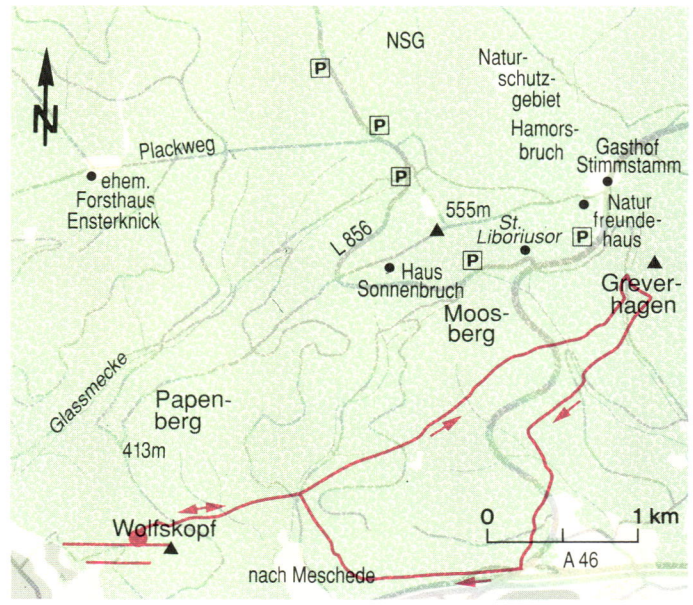

Tourenbeschreibung Links neben dem *Gasthof Stimmstamm* den Markierungen nachlaufen, rechts vorbei am *Naturfreunde-haus*. Rechter Hand liegt das Naturschutzgebiet Hamorsbruch. Geradeaus ¼ Stunde zu einer Kreuzung (Punkt 555). Dahinter senkt sich die Route, kreuzt die *Landstraße 856*. Die Schranke passierend, verliert man auf dem Forstfahrweg zunehmend an Höhe, läuft ein kurzes Stück mit Markierung A 8, kreuzt einen breiten Weg und gelangt zum Waldrücken des *Papenberges*. Bei Punkt 413 stößt man auf einen querverlaufenden Forstfahrweg und auf die Zeichen A 7. Rechts in leichtem Gefälle in das stille Waldtal der *Glassmecke*. Von Stimmstamm 1¼ Stunden.

Jenseits der Brücke setzt die Gegensteigung an: A 9 bringt uns in 25 Minuten auf den Rücken und damit zum historischen *Plackweg*. Rechts ¼ Stunde zur Landstraße 856. Auf ihr 250 Meter rechts. An der Bushaltestelle links die Straße verlassen und mit dem Fahrweg leicht bergan, links am *Sendemast* vorbei und zu der bekannten *Kreuzung,* bei der uns noch ¼ Stunde von *Stimmstamm* trennt.

Im Olsberger Kurpark mit schönem altem Baumbestand
(Foto: Kur- und Verkehrsverein Olsberg e. V.)

68 Olsberg – Assinghausen – Wiemeringhausen – Siedlinghausen

Verkehrsmöglichkeiten B 480; von der Autobahn-Anschluß-stelle Bestwig 7,5 Kilometer. Bahnhof. Busverbindungen.
Parkmöglichkeiten Am Bahnhof.
Wegemarkierungen Weiße Andreaskreuze.
Tourenlänge 19 Kilometer.
Wanderzeit 5¼ Stunden.
Höhenunterschiede Insgesamt etwa 1200 Meter. Anstieg von Olsberg (350 m) zum Heidkopf-Osthang (620 m), Abstieg nach Assinghausen (400 m), von Wiemeringhausen (410 m) Aufstieg zum Sperrenberg (725 m), Abstieg nach Siedlinghausen (450 m).
Wanderkarte 1:50000 Blatt Naturpark Arnsberger Wald.
Gaststätten unterwegs Assinghausen, Wiemeringhausen.
Anmerkung Rückkehr von Siedlinghausen mit Bahn oder Bus.
Wissenswertes *Olsberg,* verkehrsreiche Kleinstadt, ältester (1894) Kneippkurort im Sauerland, seit 1970 mit Bigge zusammengeschlossen (8000 Einwohner). – *Assinghausen,* 1989 im Wettbewerb »Unser Dorf soll schöner werden« mit der Bundes-Goldplakette ausgezeichnet. Ferienort im Tal der jungen Ruhr, uralter Siedlungsboden. Fachwerkhäuser des 17./18. Jahrhunderts mit Füllbrettschnitzereien, u. a. entlang der Grimmestraße. Vierstöckiger Zehntspeicher von 1556, wahrscheinlich der älteste erhaltene Westfalens. Er diente – genannt »Reisen-Spieker« – später der Lagerung von Wein- und Speisevorräte der Kölner Kurfürsten bei ihren Jagdvisiten. Vor dem Zehntspeicher das Denkmal für den Sauerländer Heimatdichter Friedrich Wilhelm Grimme; Gedenkraum in der Schule. – *Siedlinghausen* siehe Tour 57.

Tourenbeschreibung Vom *Bahnhof* auf der *Bahnhofstraße,* bis rechts die Straße *Sachsenecke* abgeht. Zum *Kurpark* und über den *Gierskoppbach* auf die Bundesstraße 480 zum *Gasthof Kropff.* Links der Gaststätte der *Hauptwanderstrecke 27* folgen, vorbei am Kinderheim. Vor Haus Nr. 18 links und auf geteertem Fahrweg weiter ansteigen. Am Waldrand links, danach in den Wald. Bald schwenkt die Route in Südrichtung ein, durchmißt die Osthänge des Olsberges und mündet in einen breiten Forst-fahrweg. Ungefähr ¾ Stunden später gibt uns der Wald bei einer Jagdhütte frei. Östlich recken sich die Bruchhauser Steine. Links, kurz danach rechts und mit dem geteerten Fahrweg in 35 Minuten vollends hinunter in das 900-Seelen-Dorf *Assinghausen.* Von Olsberg 2¼ Stunden.

Bahnhof

OLSBERG

Gierskopp

nach Elleringhausen

Helmering-
hausen

B 480

Olsberg
704m

▲ Steinhelle
611m

Carlsaue

Steinhelle

Heidkopf
715m

Neger

Bruch-
hausen

B 480

Wulmering-
hausen

Overlackers-
berg

Neger

Kirche

Assing-
hausen

Ruhr

Wiemering-
hausen

0   1 km

Vor der überdimensional anmutenden neugotischen *Kirche* halblinks in die *Bruchhauser Straße,* bis rechts die Straße *Zum Kusterland* abzweigt. Nach der *Kapelle* wird diese Straße rechts verlassen. Auf dem Querweg links, nach 100 Metern rechts. Die Andreaskreuze führen an die Ruhr bzw. hinauf nach *Wiemeringhausen.* Von Assinghausen ½ Stunde.

Ab der *Kirche* zur *Ruhrbrücke,* die *Bundesstraße 480* kreuzen und jenseits der Straße *Steinacker* 100 Meter folgen. Links, nach 100 Metern rechts und bergan, etwa 250 Meter, dann links zur Wegedreiteilung an der Waldecke. Rechts halten, zunächst am Waldrand, dann im Wald aufwärts. Etwa ¼ Stunde nach der Wegedreiteilung heißt es aufpassen! Die Andreaskreuze wenden sich rechts ab vom Forstfahrweg und »erklimmen« den Gipfel des *Sperrberges* (725 m). Von Wiemeringhausen ¾ Stunden.

In wenigen Minuten hinunter zu einem Forstfahrweg. Rechts, im Linksbogen um eine Kuppe herum und den Abstieg getreu der weißen *Andreaskreuze* fortsetzen zur *Hambkerbecke.* Jenseits zum *Bildstock Judas Thaddäus.* Auf dem Fahrweg *Am Scheid* weiter. Vor der Bahn kurz links, rechts über die Schienen und nun entweder rechts mit der Friedhofstraße direkt zum *Bahnhof,* oder hinunter zur Kirche von *Siedlinghausen.*

69 Bruchhauser Steine

Verkehrsmöglichkeiten Günstige Anfahrten: Von Olsberg über Elleringhausen, oder die Bundesstraße 480 zwischen Olsberg und Winterberg in Assinghausen verlassen und nach Bruchhausen. Busverbindungen.

Parkmöglichkeiten Nach dem Naturschutzgebiet-Eingang (Eintrittskarte) auf dem zweiten Parkplatz (»Schöne Aussicht«). Die Zufahrt ist am nördlichen Ortsrand von Bruchhausen beschildert.

Wegemarkierungen Keine.

Tourenlänge 2 Kilometer. **Wanderzeit** ¾ Stunden.

Höhenunterschiede Insgesamt 250 Meter. Vom Parkplatz (650 m) zum Feldsteingipfel (756 m), Abstieg zum unteren Parkplatz (630 m).

Wanderkarte 1:50 000 Blatt Naturpark Arnsberger Wald.

Wissenswertes Die *Bruchhauser Steine* im Hang des Istenberg sind ein Kulturdenkmal ersten Ranges, darüber hinaus ein be-

deutendes Naturschutzgebiet sowie ein archäologisches Reservat für Westfalen: mächtige, rund 370 Millionen Jahre alte Quarzporphyrfelsen vulkanischer Herkunft. Zugleich sind die Felsen Bestandteil und sozusagen Eckpfeiler einer durch Mauern aus Porphyrblöcken und Gräben gesicherten Befestigungsanlage

Olsberg, Wasserburg Bruchhausen an den Steinen
(Foto: Kur- und Verkehrsverein Olsberg e. V.)

(200×380 m) aus dem 6. vorchristlichen Jahrhundert, möglicherweise ein Kultplatz (für den es keine archäologischen Erkenntnisse gibt), der – laut älterer Meinungen – 14. n. Chr. von den Römern zerstört wurde; zumindest erwähnt Tacitus ein Bundesheiligtum der germanischen Istwäonen. In jedem Falle war die Stätte bis etwa 150 v. Chr. bewohnt und wurde noch im Mittelalter bei Gefahr von der Bevölkerung aufgesucht. Wissenschaftler kamen zu der Erkenntnis, daß die Strukturen der Steine teilweise von Menschenhand verändert bzw. gestaltet wurden (Tiersymbole, Menschenköpfe) – Urbilder europäischer Geisteskultur. Seit 1989 horsten wieder Wanderfalken in den Steinen. Kletterverbot! Eine ausführliche illustrierte Broschüre – »Die Bruchhauser Steine« – kann am Eingang erworben werden!

Tourenbeschreibung Mit dem Weg »Zu den Steinen« in den Tannenwald und in 10 Minuten empor, zuletzt gesichert, auf den *Feldstein,* den Höchsten, den ein neun Meter hohes Kreuz krönt; Bronzetafel zur Erinnerung an die Gründung der gemeinnützigen »Stiftung Bruchhauser Steine« im Jahre 1992. Panoramaschau über das Sauerland, bis ins Münsterland und zum Teutoburger Wald.

Links, an der Westseite des Feldstein – rechts einstmals beliebte Kletterwände – absteigen. Wenig später erhebt sich rechts der bis 60 Meter hohe *Goldstein,* links der bis zu 92 Meter hohe *Bornstein.*

Vor dem Bornstein links einem schmalen Waldweg folgen, an dem Zwiebelzahnwurz und Bärlapp keine Seltenheit sind. Wir kommen zum zerklüfteten *Ravenstein* (bis 72 m hoch). Von der *Rastbank* im Sattel etwa 30 Meter Richtung Feldstein ansteigen. Bei der nächsten Bank rechts, auf dem Weg in 5 Minuten zum unteren Parkplatz und rechts 10 Minuten zum Ausgangspunkt.

70 Willingen – Stryck – Lüttekefeld – Hoppecketal – Willingen

Verkehrsmöglichkeiten Bundesstraße 251 Brilon – Korbach. Bahnhof. Busverbindungen.
Parkmöglichkeiten Beim Bahnhof.
Wegemarkierungen Bis hinter Stryck weiße Andreaskreuze, ebenso von Lüttekefeld zurück nach Willingen.
Tourenlänge 12,5 Kilometer. **Wanderzeit** 3½ Stunden.
Höhenunterschiede Insgesamt etwa 450 Meter. Anstieg von Willingen (580 m) zur Unterstandhütte am Lüttekefeld (780 m), Abstieg nach Willingen (580 m).
Wanderkarte 1:50 000 Blatt Naturpark Diemelsee-Ederbergland.
Gaststätten unterwegs Stryck, Köhlerhütte.
Wissenswertes Der heilklimatische *Kneippkurort Willingen* im Ittertal liegt im hessischen Kreis Waldeck-Frankenberg, dem Waldecker Upland (= Hochland); urkundlich 1380 erstmals erwähnt. Schaubergwerk bzw. 1971 stillgelegte Schiefergrube Christine; Führungen. Haus der Natur, Ökologisches Informationszentrum. Wild- und Freizeitpark Ettelsberg. Mühlenkopf-Sprungschanze, errichtet 1924, seit 1994 größte Sprungschanze Deutschlands, eine der modernsten weltweit; FIS Weltcup-Skispringen.

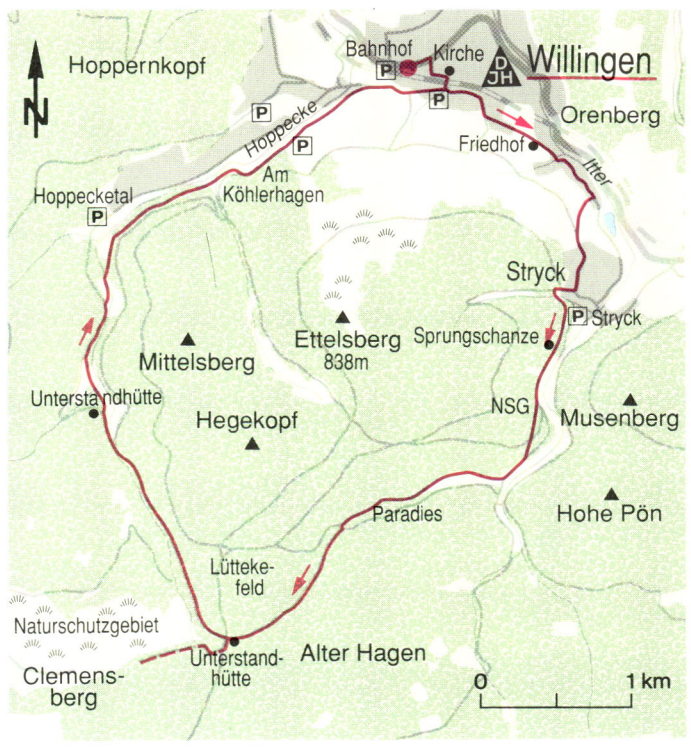

Tourenbeschreibung Vom *Bahnhofsvorplatz* etwa 200 Meter in Richtung Ortsmitte. Beim *Restaurant Bäringhausen* rechts ab und zu der modern gestalteten Kirche *St. Augustinus.* Rechts durch die *Eisenbahnunterführung.* Vor dem Hotelkomplex Sauerlandstern links in den *Prof.-Amelung-Weg,* der leicht ansteigt. Oben geradeaus weiter, wenig später abwärts zum 31 Meter hohen, 290 Meter langen, 1917 vollendeten Eisenbahnviadukt auf 10 Pfeilern. Davor rechts halten, Gasthöfe und Restaurants passierend, dem *Stryckweg* folgen. Unmittelbar nach dem Café Marienhöhe biegen wir rechts in das Sträßchen *Am Dicken Stein* ein. Die Hauptwanderstrecke 15 leitet uns durch *Stryck.* Vom Bahnhof 40 Minuten.

Etwa 10 Minuten später sind wir am Auslauf der *Mühlenkopf-Skisprungschanze.* Anschließend durch ein kleines Naturschutzgebiet an die Mündung eines Seitentales. Wo sich die Andreaskreuze geradeaus fortsetzen, schwenken wir rechts in das Tälchen ein, dessen Hintergrund das vielversprechende Prädikat *Paradies* trägt: ungewöhnlicher Erlen-Birken-Buchenwald. Nach ungefähr ¼ Stunde wird der Talbach links überschritten. Am anderen Ufer weiter bergan, noch 20 Minuten, ehe man auf der Südseite der Kuppe *Lüttekefeld* eine Kreuzung mit *Unterstand-hütte* erreicht, am Zenit (780 m) der Rundtour. Von Willingen 1½ Stunden.

(Abstecher: An der Kreuzung kurz links, dann rechts und den weißen Andreaskreuzen folgend in das faszinierende *Natur-schutzgebiet Hoher Hagen;* siehe Tour 62.)

Geradeaus über die Kreuzung und rechts halten, jetzt ent-sprechend der *Hauptwanderstrecke 16* bzw. einem Teilstück des *Europäischen Fernwanderweges 1.* Parallel zur Landesgrenze Hessen/Nordrhein-Westfalen auf dem Forstfahrweg abwärts, an der Gabelung halblinks. An der Linkskurve geradeaus, wodurch der Fahrweg (Unterstandhütte) abgekürzt wird, den die weißen Andreaskreuze schon bald endgültig rechts haltend verlassen. Die junge *Hoppecke* überschreiten, die zur Diemel fließt und somit schlußendlich die Weser nährt. An ihrem Ufer entlang auf einem reizvollen Wanderpfad, bis man auf einen geteerten Fahr-weg gezwungen wird. Vorbei am *Café-Restaurant Köhlerhütte* zum südlichen Stadtrand. Rechts halten, den Sportplatz links passierend, gelangt man wieder zum *Bahnhofsvorplatz.*

Wege, die zum Wandern einladen   (Foto: Ulrich Schnabel)

Die Hauptwanderstrecken
des Sauerländischen Gebirgsvereins

Die Hauptwanderstrecken sind zuverlässig mit weißen Andreaskreuzen (X) markiert und an Abzweigungen etc. mit der jeweiligen Streckennummer versehen. Das Tourenangebot des Führers beinhaltet zahlreiche Teilstücke.

Hauptwanderstrecke

1 – 149 km
Hagen-Delstern – Schloß Hohenlimburg – Burg Altena – Kohlberghaus – Hönnetal – Schloß Herdringen – Arnsberg – Hirschberg – Brilon – Diemelsee – Helminghausen.

2 – 122 km
Brilon – Bruchhausen – Winterberg – Kahler Asten – Oberkirchen – Bad Berleburg – Stünzel – Heiligenborn – Lahnquelle – Deuz – Siegen.

3 – 162 km
Hagen-Stadtgarten – Ennepetalsperre – Lingesetalsperre – Agger-Staudamm – Olpe – Kindelsberg – Hilchenbach – Sieg- und Lahnquelle – Biedenkopf.

4 – 76 km
Witten-Ruhrbrücke – Volmarstein – Hengsteysee – Dechenhöhle – Hemer-Felsenmeer – Hönnetal – Reckenhöhle.

5 – 114 km
Iserlohn-Bahnhof – Burg Altena – Ludemert – Plettenberg – Finnentrop – Bilstein – Hilchenbach – Giersberg – Siegen.

6 – 201 km
Hagen-Selbecker Straße – Dahl – Priorei – Schalksmühle – Lüdenscheid – Homert – Nordhelle – Attendorn – Burg Schnellenberg – Bilstein – Hohe Bracht – Jagdhaus – Kahler Asten – Züschen – Münden – Schloß Hessenstein – Bad Wildungen.

7 – 159 km Arnsberg-Bahnhof – Schomberg – Plettenberg – Affeln – Neuenrade – Lüdenscheid – Eckenhausen – Dahlhausen – Toelleturm – Solingen – Kemperdiek – Düsseldorf-Gerresheim.

8 – 51 km
Arnsberg – Elspe – Hohe Bracht – Olpe.

9 – 171 km
Dortmund (U-Bahn-Station Stadthaus) – Hohensyburg – Hengsteysee – Hohenlimburg – Lüdenscheid – Kierspe – Lingese-Sperre – Berghausen – Hohe Warte – Eitorf – Nonnenberg – Königswinter.

10 – 88 km
Warstein – Oberkirchen – Schmallenberg – Jagdhaus – Rhein-Weser-Turm – Dreiherrnstein – Hilchenbach.

11 – 112 km

Plettenberg-Elringhausen – Nordhelle – Nocken – Meinerzhagen – Genkeltalsperre – Gummersbach – Schloß Homburg – Waldbröhl – Freusburg – Siegen.

11 a – 47 km

Bergisch Gladbach (Kreishaus) – Hohkeppel – Wegescheid – Gummersbach.

12 – 112 km

Werdohl-Bahnhof – Herscheid – Valbert – Drolshagen – Hermesdorf – Waldbröl – Wahnbachsperre – Wolsdorf – Siegburg.

13 – 117 km

Soest-Jugendherberge – Möhnetalsperre – Arnsberg – Grevenstein – Fredeburg – Oberkirchen – Altastenberg – Kahler Asten – Winterberg – Ruhrquelle – Edertalsperre.

14 – 91 km

Warstein-Stadtkirche – Bestwig – Brabecke – Großes Bildchen – Kahler Asten – Mollseifen – Battenberg – Biedenkopf.

15 – 160 km

Salzkotten-Bahnhof – Meinolfskapelle – Padberg – Diemeltalsperre – Willingen – Küstelberg – Hallenberg – Bad Laasphe – Eschenburg – Dillenburg.

16 – 78 km

Meschede-Bahnhof – Ramsbeck – Neuer Hagen – Willingen – Rattlar – Giershagen – Marsberg.

17 – 128 km

Düsseldorf-Kaiserswerth (Kaiserpfalz-Ruine) – Hösel – Essen-Werden – Dellwig – Hasper Talsperre – Altena – Kohlberghaus.

18 – 121 km

Menden-Bahnhof – Balve – Affeln – Giebelscheid – Saalhausen – Oberhundem – Rhein-Weser-Turm – Erndtebrück – Stünzel – Bad Laasphe.

19 – 209 km

Düsseldorf-Benrath (Bahnhof) – Leichlingen – Serigtalbach-Talsperre – Wipperfeld – Meinerzhagen – Hammer Höhe – Siegen – Wilnsdorf – Dillenburg.

20 – 90 km

Witten-Bahnhof – Hagen-Haspe – Breckerfeld – Glörtalsperre – Schalksmühle – Kierspe – Meinerzhagen – Olpe.

21 – 49 km

Brilon-Amtsgericht – Eisenberg – Niederense – Edertalsperre.

22 – 168 km

Meschede-Bahnhof – Hennetalsperre – Eslohe – Lenhausen – Attendorn – Waldenburgkapelle – Olpe – Heischeid – Niederbierenbach – Kern – Köln-Rath.

Erfrischend nach einer Wanderung   (Foto: Kurverwaltung Willingen)

Einzige Hochheide Westeuropas bei Willingen   (Foto: Kurverwaltung Willingen)

23 – 74 km
Meschede-Bahnhof – Hennetalsperre – Fredeburg – Schmallenberg – Latrop – Bad Berleburg – Sackpfeife – Biedenkopf.

24 – 128 km
Möhnetalsperre – Figgenberg – Amecke – Hummelsberg – Attendorn – Grevenstein – Siegen – Eiserfeld – Otto-Turm – Betzdorf.

25 – 80 km
Finnentrop-Bahnhof – Schwartmecke – Fredeburg – Hunaukopf – Siedlinghausen – Titmaringhausen – Korbach.

26 – 87 km
Neheim-Kirche – Torhaus – Warstein – Schwalenberg – Wewelsburg – Haxtergrund – Paderborn.

27 – 84 km
Altenhundem-Bahnhof – Hohe Bracht – Schmallenberg – Nordenau – Altastenberg – Siedlinghausen – Assinghausen – Olsberg.

28 – 110 km
Isenburg-Nierenhof – Köllershof – Schwelmequelle – Radevormwald – Wipperfürth – Engelskirchen – Bröltal – Schladern.

29 – 132 km
Essen-Rüttenscheid – Baldeneysee – Hespertal – Velbert – Neviges – Wuppertal-Katernberg – Hohkeppel – Schloß Ehreshoven – Neunkirchen – Uckerath/Riesengebirge.

30 – 92 km
Duisburg-Zoo – Breitscheid – Neandertal – Diepentalsperre – Altenberg – Herrenstrundem – Bensberg.

Andere Weitwanderwege

Ruhrhöhenweg – 256 km
Winterberg-Ruhrquelle – Niedersfeld – Assinghausen – Olsberg – Föckinghausen – Eversberg – Meschede – Calle – Freienohl – Arnsberg – Neheim-Hüsten – Menden – Engste – Westhofen – Hohensyburg – Witten – Hattingen – Essen-Steele – Stadtwald – Werden – Kettwig – Mintard – Uhlenhorst – Duisburg-Zoo – Ruhrmündung.

Siegerland-Höhenring – 134 km
Hilchenbach-Lützel (Ginsberger Heide) – Siegquelle – Lahnquelle – Haincher Höhe – Hellerbachtal – Großer Stein – Lipper Höhe – Trödelsteine – Freusberg-Jugendherberge – Niederfischbach – Ginsberg – Friesenhagen – Schloß Crottdorf – Wildenburg – Löffelberg – Krombacher Höhe – Littfeldquelle – Vorspanneiche – Oberndorfer Höhe – Hilchenbach-Lützel.

Wanderkarte 1:50000 Freizeitkarte Siegerland-Wittgenstein (Verlauf des Siegerland-Höhenringes).
Auskünfte Touristikverband Siegerland-Wittgenstein, Koblenzer Straße 73, 57069 Siegen.
Wittgensteiner Panoramaweg – 145 Kilometer
Bad Laasphe – Hesselbach – Lahnquelle – Großenbach – Altenteich – Erndtebrück – Röspe – Kasimirstal – Wingeshausen – Rinnekopf – Bad Berleburg – Kühhude – Albrechtsberg – Wunderthausen – Dachsloh – Hohe Warte – Beddelhausen – Emmerbachtal – Hainrot – Bad Laasphe.
Wanderkarte 1:50000 Freizeitkarte Siegerland-Wittgenstein.
Auskunft Touristikverband Siegerland-Wittgenstein, Koblenzer Straße 73, 57072 Siegen.

Anschriftenverzeichnis

Verband Deutscher Gebirgs- und Wandervereine e.V.
Reichsstraße 4, D-66111 Saarbrücken

Deutsche Wanderjugend
Tannenweg 22, D-71364 Winnenden

Deutscher Alpenverein
Von-Kahr-Straße 2–4, D-80997 München

Deutsches Jugendherbergswerk
Bismarckstraße 8, D-32756 Detmold

Touristenverein »Die Naturfreunde«, Bundesgruppe Deutschland e.V.
Großglocknerstraße 28, D-70327 Stuttgart

Sauerländischer Gebirgsverein e.V.,
Emster Straße 104, D-58093 Hagen

Bereich Hochsauerland
Touristikzentrale Sauerland
Postfach 14 60, D-59917 Brilon

Bereich Märkisches Sauerland:
Fremdenverkehrsamt Märkischer Kreis
Postfach 20 80, D-58505 Lüdenscheid

Bereich Hellweg – Möhne – Lippe – Börde
Fremdenverkehrsamt Kreis Soest
Postfach 17 52, D-59491 Soest

Bereich Südsauerland:
Kreisverkehrsverband Südsauerland
Postfach 15 45, *D-57445 Olpe*

**wandern+
radwandern**

Die zuverlässigen, tausendfach bewährten Wegweiser
mit der Marke ›Kompass‹ und dem roten Punkt

Die schönsten Wanderungen

Albrandweg
Allgäu
Allgäuer Alpen
Altmühltal/
   Frankenalb Süd
Bayerischer Wald
Berchtesgadener Land
Bergisches Land
Bodensee
Dresden
Eifel (gesamt)
Eifel 1:
   Ahrgebirge/Osteifel
Eifel 2:
   Naturpark Hohes
   Venn – Eifel
Eifel 3:
   Vulkaneifel – Südeifel
Ems – Weser
Erzgebirge
Fränkische Schweiz/
   Frankenalb Nord

Großer Fränkische-
   Schweiz-Führer
Frankenwald
Frankfurt-Offenbach
Harz
Hohenlohe
Hunsrück
Lech
Lüneburger Heide
Mainwanderweg
Mark Brandenburg Ost
Mark Brandenburg West
Mittelrhein
Mosel, Wanderregion
Münsterland
Niederrhein
Oberbayern I/West
Oberbayern II/Ost
Oberlausitz
Oberschwaben
Odenwald
Ostseeküste/Rügen

Pfalz
Großer Pfalz-Führer
Rhön mit Vogelsberg
Saarland
Sächsische Schweiz
Sauerland
Sauerland-Höhenring
Schwäbische Alb
Schwäbischer Wald
Schwarzwald Mitte
Schwarzwald Nord
Schwarzwald Süd
Schwarzwaldhöhenwege
Spessart
Stuttgart mit Schönbuch
Taunus
Teutoburger Wald
Thüringer Wald
VVS-Wanderführer
   Region Stuttgart
Weser-Leine-Bergland

Wandern in Europa

Burgenland
Dolomiten
E 1: Flensburg –
   Genua
E 5: Bodensee – Adria
Harz-Niederlande-
   Wanderweg

Kärnten
Kanarische Inseln
Osttirol
Salzburger Land
Teneriffa
Tirol

Trentino I Ost
Trentino II West
Tschechoslowakei
Vogesen Nord
Vogesen Süd
Vorarlberg
Wien

Freizeit Spezial

Erlebnisurlaub Bayerische Alpen
Erlebnisurlaub Bayerischer Wald
Erlebnisurlaub Bodensee
Erlebnisurlaub Chiemsee – Königssee

Erlebnisurlaub Harz
Erlebnisurlaub Pfalz
Erlebnisurlaub Rügen

Die Deutsche Wanderjugend ist die Jugend-
organisation des Verbandes Deutscher Ge-
birgs- und Wandervereine. Die jugendlichen
Mitglieder von sechs bis 25 Jahren lernen aber
nicht nur das jugendgemäße Wandern.
In der vielseitigen Gruppenarbeit werden Themen bevor-
zugt wie Laienspiel, Pantomime, Basteln, Werken, Diskus-
sionen, Aktionen, Video und auch Volkstanz.
Ein wichtiger Bereich ist der Natur- und Umweltschutz. Die
Gruppen betreiben aktiven Umweltschutz, messen den
Säuregrad von Wasser und Boden, setzen sich tatkräftig
gegen das Waldsterben ein, führen Naturschutzwanderun-
gen durch, legen Biotope an. Wer mehr über uns, die DWJ,
wissen will, schreibt an die
**DWJ-Bundesgeschäftsstelle, Tannenweg 22,
D-71364 Winnenden**

Die schönsten Radtouren

Allgäu/Bodensee
Altmühltal/
  Frankenalb Süd
Augsburg/Umland
Bayerischer Wald
Bergisches Land mit
  Siegerland
Berlin und Umland
Radfernwandertouren
  1 Ostseeküste, Oder-
    Neiße, Elbe
  2 Ostsee – Boden-
    see – Niederlande
  3 Rhein – Ostsee,
    Mosel, Lahn,
    Neckar, Main
  4 Saale, Werra,
    Spree, Havel
Donau
Eifel
Fränkische Schweiz/
  Frankenalb Nord
Hamburg/Umland
Harz/Weser/Leine
Hohenlohe/Tauber-
  grund

Hunsrück/Saarland
Rad-Deutschland-Tour:
  Von JH zu JH (Ost)
Rad-Deutschland-Tour:
  Von JH zu JH (West)
Kurhessen-Waldeck
Lüneburger Heide mit
  Wendland
Mark Brandenburg Ost
Mark Brandenburg West
Mecklenburg-
  Vorpommern
Münsterland
Niederrhein 1
Niederrhein 2
Oberrhein – Elsaß I:
  Heidelberg –
  Straßburg
Oberrhein – Elsaß II:
  Straßburg – Basel
Oberschwaben/
  Bodensee
Odenwald/Bergstraße
Ostfriesland
Ostsee und
  Holsteinische Schweiz

Ostseeküste/Rügen
Pfaffenwinkel/östliches
  Allgäu
Rhein
Rheinhessen – Pfalz
Mit der S-Bahn
  an Rhein und Ruhr
Rhön/Vogelsberg
Romantische Straße
Ruhrgebiet
Sauerland
Schwäbische Alb
Schwäbischer Wald/
  Neckarland
Schwarzwald
Spessart/Kinzigtal/
  Fränkisches Weinland
Taunus/Wetterau
Teutoburger Wald
Thüringer Wald
Tour de
  Baden-Württemberg
Tour de Ländle I
Voralpenland II:
  Lech – Donau –
  Salzach

Großer Radwanderführer Deutschland
(252 Touren, 200 Bilder, 496 Seiten)

Radeln in Europa

Balearen
Belgien
Frankreich

Frankreich Süd
Inn
Loire

Niederlande
Rhône
Schweiz

DJH-Wegweiser

Wandern mit Kompaß und Karte
Spuren der Römer im Rheinland
Spuren der Römer: Main – Rems
Spuren der Römer: Rems – Donau
Wandern mit Kindern und
  Jugendlichen
Wandern gut geplant und vorbereitet
Radwandern gut vorbereiten
Kinder und Jugendliche im Gebirge
...rund um Alpenvereinshütten

...rund um JH: Allgäuer Alpen/
  Bayerisch Schwaben
...rund um JH: Bayerische Alpen
...rund um JH: Hunsrück/Nahe
...rund um JH: Pfalz
...rund um JH: Vulkaneifel/Südeifel
...rund um NFH: Pfalz
...rund um JH: Saarland
...rund um JH: Saar – Mosel

DEUTSCHER WANDERVERLAG
Dr. Mair & Schnabel & Co. · Stuttgart